Johannes Zeilinger

Autor in fabula

Karl Mays Psychopathologie
und die Bedeutung der Medizin
in seinem Orientzyklus

HANSA
VERLAG

Materialien zum Werk Karl Mays
Band 2

Die Deutsche Bibliothek – CIP-Einheitsaufnahme

Ein Titeldatensatz für diese Publikation ist bei
Der Deutschen Bibliothek erhältlich

Hansa Verlag Ingwert Paulsen jr., Postfach 1480, D-25804 Husum
© 2000 by Karl-May-Gesellschaft e. V., Hamburg
Satz: Ulrike Müller-Haarmann
Druck und Verarbeitung: Husum Druck- und Verlagsgesellschaft
Postfach 1480, D-25804 Husum – www.verlagsgruppe.de
ISBN 3-920421-78-7

Danksagung

Dieses Buch stellt eine überarbeitete Dissertation dar, die ich am Karl-Sudhoff-Institut für Geschichte der Medizin und Naturwissenschaften der Medizinischen Fakultät der Universität Leipzig angefertigt habe. Der Leiterin dieses Institutes, Frau Prof. Dr. Dr. Ortrun Riha, gilt daher vor allem mein Dank. Sie hat mich ermutigend in der Themenwahl unterstützt und in allen Phasen der Ausarbeitung mit Geduld, Souveränität und Engagement begleitet.

Von all den vielen Freunden, Kollegen oder May-Forschern, die mir Hilfe wie Rat gaben, möchte ich mich besonders bei Herrn Christoph Blau aus Berlin, Herrn Hans Grunert aus Dresden, Herrn Dr. Hainer Plaul aus Berlin, Herrn Helge Rudolph aus Berlin, Herrn Lothar Schmid aus Bamberg und Frau Radhia Shukrullah aus Karmi/Nordzypern bedanken. Ganz besonderen Dank schließlich schulde ich Frau Ulrike Müller-Haarmann aus Bonn für die geduldige wie präzise Korrektur des Manuskriptes.

Dr. Johannes Zeilinger

INHALTSVERZEICHNIS

Vorwort

Das vorliegende Buch beruht auf einer Dissertation, die Johannes Zeilinger in den Jahren 1995 bis 1998 unter meiner Anleitung anfertigte. Ich darf an dieser Stelle sagen, daß mir die Betreuung viel Freude gemacht hat, und zwar aus durchaus nostalgischen Gründen wegen des Themas selbst (Karl Mays Werke haben meine Schulzeit begleitet) als auch wegen der ungewöhnlich präzisen Formulierung der eigenständig entwickelten Argumentation.

Die Arbeit widmet sich dem Berührungsbereich von Medizin und Belletristik und verbindet dabei zwei Fragestellungen. Es geht erstens um die Funktion zeitgenössischen medizinischen Wissens und medizinischer Praktiken innerhalb der besprochenen Romane und zweitens um die Nutzung rezenter psychologisch-psychiatrischer Erkenntnisse für eine Suche nach Spuren der Selbstdarstellung Karl Mays in seinen Werken. Nun ist ›Die Medizin bei…‹ ein beliebtes Thema, und zu Karl Mays Wild-West-Romanen liegt auch bereits seit über 15 Jahren eine entsprechende Studie vor. Wenn Mediziner derartige Abhandlungen schreiben, werden meist lediglich in Form einer Bestandsaufnahme medizinische Elemente und Aspekte zusammengestellt, nach ›richtig‹ und ›falsch‹ aus heutiger Sicht sortiert und bestenfalls medizinhistorisch eingeordnet. Philologisches Interesse liegt dagegen auf dem Erkenntnisgewinn aus diesen Fakten für die Textinterpretation, und genau dies geschieht hier in wohltuend gründlicher und dabei geistreich-origineller Weise. Damit nicht genug: es kommt eine weitere Ebene hinzu, nämlich das vorsichtige Sondieren nach autobiographischen Elementen und nach Persönlichkeitsprojektionen Karl Mays selbst, eben nach dem ›Autor in der Erzählung‹.

Gerade zu Karl May ist angesichts seines in der Tat merkwürdigen Lebenslaufs viel geschrieben und spekuliert worden. Viele Mythen sind auf die mit großer Vorsicht zu behandelnde Autobiographie des Schriftstellers sowie auf seine phantasievollen Äußerungen Zeitgenossen gegenüber zurückzuführen. Daß es sich weitgehend um Fiktionen handelt, die genauso zu interpretieren sind wie die Abenteuergeschichten, macht Zeilingers Untersuchung mit Nachdruck deutlich: die Lebensbeschreibung wird gleichsam als Roman gelesen, und Romane dienen der Verarbeitung biographischer

Ereignisse. Eine kleine Sensation in der May-Forschung dürfte Zeilingers Entlarvung der Legende von der frühkindlichen Erblindung sein, die er als medizinische Unmöglichkeit darstellt und als metaphorische Selbststilisierung deutet.

Sind nun aber Karl Mays Absonderlichkeiten mit dem Begriffsinstrumentarium der modernen Psychopathologie zu fassen? Aus retrospektiver Betrachtung Diagnosen zu somatisch kranken oder psychisch auffälligen prominenten Persönlichkeiten aus der Geschichte zu stellen, ist bei Ärzten beliebtes Denkspiel, aus geisteswissenschaftlicher Sicht ist dies jedoch problematisch. Mit entsprechender Vorsicht geht daher auch Zeilinger vor und präsentiert seine Ergebnisse in Auseinandersetzung mit der bisherigen Forschungsliteratur als Thesen bzw. als Interpretationsangebote für das Publikum. Egal, ob Zeilinger richtig liegt oder nicht, spannend zu lesen ist dieser Rekonstruktionsversuch allemal.

Ich wünsche diesem anregenden und facettenreichen Beitrag zu Karl Mays Leben und Werk eine positive Rezeption und ein breites Echo.

Leipzig, im Advent 1999   Ortrun Riha

1. Einleitung

Problemstellung und Ziel der Untersuchung

Wie kaum bei einem anderen deutschen Schriftsteller bilden bei Karl May seine Persönlichkeit, sein Lebensweg und sein literarisches Werk eine vielfach verwobene Einheit, und so zielten literarische Kritiken immer auch auf seine Person, während Verteidiger seines Werkes regelmäßig auch den Autor selbst in Schutz nahmen; beides geschah selten vorurteilsfrei oder ohne apologetische Absichten. Nun hat heute die – vorwiegend literaturwissenschaftlich orientierte – Sekundärliteratur das ohnehin immense Gesamtwerk Mays an Seitenzahl schon überrundet, und zahlreich, ja beliebt sind Arbeiten, die biographische Spuren in Mays Erzählungen dokumentieren. So ist auch die Beschäftigung mit Mays Persönlichkeit bisher eher ein Nebenprodukt biographischer Forschungen geblieben, die in der Regel aus Mangel an psychiatrischem Fachwissen eine präzise Diskussion der Pathographie Mays nicht leisten konnten. Zwar herrscht Konsens, daß in Mays widersprüchlicher, ja bizarrer Persönlichkeit eine entscheidende Quelle für sein ungewöhnlich kreatives und bis heute faszinierend gebliebenes Gesamtwerk liegt, eine Entschlüsselung dieses Phänomens ist aber auch nur befriedigend bisher nicht gelungen. Von medizinischer Seite her ist der Versuch, den meistgedruckten Schriftsteller deutscher Zunge pathographisch zu beschreiben, bisher nur marginal und ohne Einfluß auf die May-Forschung unternommen worden. Vor einer medizinhistorischen Untersuchung seines Werkes, die diese Arbeit exemplarisch an einem der wirkungsgeschichtlich wichtigsten Romane, dem Orientzyklus, unternimmt, ist daher eine kritische Durchsicht und Neubewertung der Mayschen Pathographie in heute gültiger Terminologie unbedingt erforderlich; dies kann hier natürlich nur den Charakter einer begründeten These haben. Die Vernetzung des Autors und seiner Psychopathologie mit seinem Werk, ›autor in fabula‹, soll im zweiten Teil der Arbeit akzentuiert werden, freilich hier im Gesamtkontext der Fülle der medizinisch kolorierten Episoden.

In Mays Bibliothek befand sich Schweiger-Lerchenfelds populärwissenschaftliche Länderkunde ›Der Orient‹;[1] nicht nur, daß May

---

[1] Armand von Schweiger-Lerchenfeld: Der Orient. Wien-Pest-Leipzig 1882

das Werk als eine Quelle für seinen imaginären Reisebericht benützt hat, der Band umriß auch recht genau Mays geographischen Begriff vom Orient: dieser begann knapp südlich von Graz und reicht bis in den Sudan hinein, in seiner Längenausdehnung gar erstreckte er sich von den Maghrebländern bis weit hinter die Wüsten Persiens.

In jenem Orient ließ May häufiger noch als in den dark and bloody grounds des amerikanischen Westens sein literarisiertes Ich Abenteuer und Bewährung suchen. In seinen ›Gesammelten Reiseromanen‹ bzw. ›Reiseerzählungen‹ überwiegt schon rein numerisch dieser Handlungsraum, und mag auch wirkungsgeschichtlich der Apachenhäuptling Winnetou die nachhaltigste der Mayschen Schöpfungen sein, so ritt doch – gemessen an der Seitenzahl – weitaus ausdauernder Hadschi Halef Omar an der Seite des sächsischen Schriftstellers. Während Winnetou schon recht früh, im 3. Band der gleichnamigen Trilogie, sterben mußte, begleitete Hadschi Halef seinen Sihdi bis ins Alter, in das allegorische Spätwerk hinein und ist so vielleicht die einzige Figur Mays, die – neben den Ich-Protagonisten – im Laufe der gesammelten Erzählungen eine eigene Entwicklung erfährt. Die konzeptionellen Divergenzen beider Reisegefährten und Freunde sind auch gravierender, denn von Beginn an (läßt man Vorläuferfiguren wie den skalpgierigen Apachen Inn-nu-woh einmal beiseite) ist Winnetou ein fertiger Charakter, ohne Fehl und Tadel, voller Edelmut, aber wortkarg und seinem Blutsbruder Old Shatterhand in fast telepathischer Symbiose verbunden. Schon seine formalen Attribute – bronzefarbenes Hautkolorit, römisches Profil – weisen mehr auf eine antike Idealgestalt hin als auf ein Wesen aus Fleisch und Blut. So schöpft er seine Faszination aus der unerfüllbaren Sehnsucht nach paradiesischer Unschuld und Perfektion; sein eindeutig fiktionaler Charakter repräsentiert den Mayschen Wunschtraum vom Edelmenschen, oder banaler: den Traum des Autors (und der Mehrzahl seiner Leser) vom eigenen narzißtisch-perfekten Ich. Halef dagegen ist schon vom Äußeren her der Gegenentwurf des klassischen Helden: klein, impulsiv, redegewandt und voller menschlicher Schwächen. Er entstammt der realen Welt und personifiziert das Alter ego – und nicht narzißtische Spiegelbild – seines Herrn und Freundes Kara Ben Nemsi. Fast dreißig Jahre nach Halefs erstem Auftritt in der tunesischen Wüste bekannte May in seiner Selbstbiographie: ... *dieser Hadschi ist meine eigene Anima, jawohl, die Anima von Karl May! Indem ich alle Fehler des Hadschi be-*

*schreibe, schildere ich meine eigenen und lege also eine Beichte
ab ...*[2] Was May in dieser – nachträglichen – Stilisierung ver-
schweigt, ist, daß Halef nicht nur Fehler, sondern auch positive
biographische Eigenschaften seines Schöpfers repräsentiert: Uner-
schrockenheit, Humor, Schläue und nicht zuletzt Phantasie und
Gewandtheit. So vereinigt das Duo Kara Ben Nemsi und Hadschi
Halef mehr von der Person Mays als das nordamerikanische Pendant Old Shatterhand und Winnetou: nämlich Wunsch und Wirklichkeit einer Selbstdarstellung, »Verkörperungen seines Ich-Ideals
und seines empirischen Ich (...), in die er seine eigene psychische
Substanz fast ohne ästhetische Kontrolle einfließen lassen konnte
(...)«[3]

Für die folgende Untersuchung sollen daher zwei Kriterien für die
Auswahl der Bände aus dem Œuvre Mays bestimmend sein: Handlungsraum Orient sowie als Protagonisten das Paar Kara Ben
Nemsi und Hadschi Halef Omar. Die Beschränkung auf dieses
Figurenpaar aus der Überfülle Mayscher Selbstspiegelungen erleichtert es, exemplarisch Rückschlüsse auf biographische wie
pathographische Details und Entwicklungen Mays zu gewinnen,
vor allem läßt sie eine vergleichende Interpretation verschiedener
Bände zu, da eine konzeptionelle Einheit von Handlungsträgern
wie Handlungsraum und nicht ein wildwucherndes Sammelsurium
an verschiedensten Heldenimagos und exotischen Schauplätzen
untersucht wird.

Kernstück der Orientbände ist ohne Zweifel der sogenannte Orientzyklus, ein in sich abgeschlossener, breit angelegter, sechsbän-
diger Reiseroman, der in den Jahren 1881-1888 zunächst als Fort-
setzungsroman in der katholischen Wochenzeitschrift ›Deutscher
Hausschatz‹ erschien und – nur unwesentlich redigiert, allerdings
im letzten Band um einen umfangreichen Anhang vermehrt – ab
1892 im Verlag Fehsenfeld/Freiburg die Reihe der ›Gesammelten
Reiseromane‹ eröffnete.[4] Diese Schilderung einer Verbrecherjagd

---

[2] Karl May: Mein Leben und Streben. Freiburg, o.J. (1910) S. 211; Reprint
Hildesheim-New York [2]1982. Hrsg. von Hainer Plaul.
[3] Claus Roxin: Bemerkungen zu Karl Mays Orientroman. In: Karl Mays Orientzyklus. Hrsg. von Dieter Sudhoff und Hartmut Vollmer. Paderborn 1991,
S. 85
[4] zur Editionsgeschichte des Orientromans: Dieter Sudhoff und Hartmut
Vollmer: Einleitung. In: Ebd., S. 7-30

über drei Kontinente begründete Mays Weltruhm und materiellen Wohlstand, allein seine Titel – ›Durch die Wüste‹, ›Durchs wilde Kurdistan‹, ›In den Schluchten des Balkan‹ etc. – sind geflügeltes Sprachgut geworden. Die wirkungsgeschichtliche Bedeutung des Orientzyklus, seine Popularität korreliert mit der oft gerühmten literarisch-erzählerischen Qualität der Bände; nach Claus Roxin befand sich hier May »auf einem Niveau, das er in seinen Reiseerzählungen nur noch gelegentlich erreicht und nie mehr übertroffen hat«.[5] Als Gründe führt Roxin neben der epischen Gestaltungskraft, der geschickten psychologischen Führung des Lesers durch befreiendes Miterleben der Auflösung archetypischer Ängste, einer ethisch-erzieherischen Botschaft, die im Schlußteil des Romans gar in einer ›Apotheose des Friedens‹ mündet, den sorgfältig recherchierten historisch-ethnographischen Hintergrund der Erzählung an. Die dabei verwendeten Quellen sind zum großen Teil erforscht, wenn auch bisher noch nicht summarisch zusammengefaßt publiziert.[6] Hinzuzufügen ist, daß gerade der Orientzyklus eine Vielzahl an medizinischen Details enthält, die oft durch die Arztrolle, aber auch Erkrankungen des Helden bedingt sind und zum farbigen, authentischen Charakter der Erzählung beitragen. Daher sind diese Bände geradezu als Grundlage für eine genauere und exemplarische Untersuchung zum Thema ›Medizin bei Karl May‹ prädestiniert, und mehr noch: die Einbettung von Krankenheilungen und Krankheitserlebnissen in die unerschöpfliche Menge mehr oder weniger verschlüsselten biographischen Materials, Traumerfüllung und Problembewältigung verspricht einen realen Bezug zur Vita Mays.

Ende 1898, May war nun 56 Jahre alt, erschienen bei Fehsenfeld die beiden ersten Bände der Romantetralogie ›Im Reiche des silbernen Löwen‹. Wenngleich die beiden ersten Kapitel noch im Wilden Westen spielten, so nährte sich diese Erzählung aus der Erinnerung an den großen Aufbruch des Orientzyklus. In »Mays vertrautem Stil, aber durchgängig hinter das in dieser Manier schon Erreichte zurückfallend«[7] mutet der Rückgriff auf bekannte

---

[5] Roxin: Bemerkungen zu Karl Mays Orientroman, wie Anm. 3, S. 84
[6] Hermann Wiegmann: Werkartikel ›Orientzyklus‹. In: Karl-May-Handbuch. Hrsg. von Gert Ueding in Zusammenarbeit mit Reinhard Tschapke. Stuttgart 1987
[7] Joachim Kalka: Werkartikel zu ›Im Reiche des silbernen Löwen I-II‹. In: Ebd., S. 287

Handlungselemente fast nostalgisch an, als blasse Neuinszenierung allzu vertrauter Abenteuerei. Die Bände markieren das Ende des Unterhaltungsschriftstellers May, zeigen, »wie ermüdend und mechanisch er nun die alte Leier nur noch spielte«,[8] das Genre hatte sich erschöpft. Die Helden sind inzwischen gealtert und ihr Tatendrang gebremst, von des Gedankens Blässe sozusagen angekränkelt – wenn also May in diesem Roman begann, die Ebene der Abenteuerliteratur zu verlassen, zollte er damit zunächst seiner eigenen biologischen Entwicklung (und damit eingeschlossen der seiner Helden) Tribut.

Ganz offenkundig aber wird der Bruch mit der Vergangenheit, die Suche nach einer neuen literarischen Ebene in der Fortsetzung des Romans in den Bänden 3 und 4 der Tetralogie. Zurückgekehrt aus dem realen Orient und innerlich erschüttert, knüpfte May nur noch formal an der nicht abgeschlossenen Erzählung an, seine Helden sind nun endgültig ermattet, erkranken gar und am Ende ihrer langen Rekonvaleszenz haben sie das Terrain ihrer Abenteuer verlassen, sind aus dem Kokon ihres gewohnten Heldentums entschlüpft und geraten in ein symbolistisch überhöhtes Mysterienspiel von der Menschheitsfrage. In einer zweiten Handlungsebene gerät diese Auseinandersetzung auch zu einer »Chiffrierung von Mays privaten und öffentlichen Kämpfen«,[9] zu einer Abrechnung mit Freund und Feind und Ehefrau, zu einer Darstellung des eigenen Psychodramas. Erst die neuere Mayforschung – angefangen bei Arno Schmidt, der den Schöpfer des ›Silberlöwen‹ den »bisher letzte(n) Großmystiker unserer Literatur«[10] nannte – hat diesen Roman (bzw. seine beiden letzten Bände) wiederentdeckt und ihn zusammen mit ›Ardistan und Dschinnistan‹ zum Höhepunkt des Mayschen Schaffens erkoren, wenn auch »noch mehrere Germanistengenerationen daran zu arbeiten haben«,[11] ja »erfahrungsgemäß wird die Germanistik es ohne die Aushilfe anderer Disziplinen

---

[8] Claus Roxin: »Dr. Karl May, genannt Old Shatterhand«. Zum Bild Karl Mays in der Epoche seiner späten Reiserzählungen. In: Jahrbuch der Karl-May-Gesellschaft (Jb-KMG) 1974. Hamburg 1973, S. 62

[9] Joachim Kalka: Werkartikel zu ›Im Reiche des silbernen Löwen III-IV‹. In: Karl-May-Handbuch, wie Anm. 6, S. 295

[10] Arno Schmidt: Vom neuen Großmystiker (Karl May). In: Karl Mays »Im Reiche des silbernen Löwen«. Hrsg. von Dieter Sudhoff und Hartmut Vollmer. Paderborn 1993, S. 78

[11] Claus Roxin: Karl Mays ›Freistatt‹-Artikel. Eine literarische Fehde. In: Jb-KMG 1976. Hamburg 1976, S. 225

auch durch die bloße Quantität ihrer Generationen nicht schaffen«.[12]

Als Textgrundlage für diese Arbeit dienen die bei Fehsenfeld erschienenen ›Gesammelten Reiseerzählungen‹. Vor allem seit der Karl-May-Verlag Bamberg in den Jahren 1982-84 eine Reprintausgabe dieser Freiburger Erstausgaben vorgelegt hat, ist der Maysche Originaltext wieder für Forschungszwecke leicht verfügbar. Auch die unzensierte Autobiographie ›Mein Leben und Streben‹ ist als Faksimilereprint, mit einem ausgiebigen Anhang versehen, wieder aufgelegt worden.[13] Die von Hans Wollschläger und Hermann Wiedenroth (seit 1999 von Wiedenroth alleine weitergeführte) auf knapp 100 Bände angelegte historisch-kritische Gesamtausgabe dagegen weist noch zu viele Lücken auf, um als alleinige Grundlage für umfangreichere wissenschaftliche Arbeiten zu genügen.[14]

---

[12] Hans Wollschläger: Erste Annäherung an den ›Silbernen Löwen‹. Zur Symbolik und Entstehung. In: Jb-KMG 1979. Hamburg 1979, S. 119
[13] May: Mein Leben und Streben, wie Anm. 2
[14] Zunächst bei Greno, dann bei Haffmans, jetzt bei Bücherhaus Bargfeld herausgegeben

2. Zur Pathographie Karl Mays

Neubewertung seiner Psychopathologie

Karl Friedrich May wurde am 25.2.1842 in Ernstthal, einer sächsischen Kleinstadt am Nordrand des Erzgebirges und »Modellpunkt des sozialen Elends der Zeit«,[15] als fünftes von 14 Kindern einer armen Weberfamilie geboren. Materielle Not, ja bitterste Armut, durchzogen wie ein roter Faden Kindheit und Jugend, neun seiner Geschwister überlebten nicht das zweite Lebensjahr. Während Herkunft, historisches Umfeld und soziale Lebensbedingungen der Familie Mays ausgiebig erforscht und dokumentiert sind,[16] ist die Quellenlage über Mays Kindheit naturgemäß karg, sie stützt sich ausschließlich auf die als Apologie konzipierte Autobiographie des gealterten Autors und bedarf daher, wie Hainer Plaul zutreffend schreibt, »der quellenkritischen Aufmerksamkeit«, da »die meisten der mitgeteilten Ereignisse nicht selbst erfahren, sondern, womöglich noch verstellt durch den Spiegel der Erinnerung, der mündlichen familiären Überlieferung entnommen sind«.[17]

2.1 Die frühkindliche Erblindung Mays
2.1.1 Schilderung und Quellenlage

Kurz nach der Geburt, so die Autobiographie, erkrankte May, erblindete und wurde erst im 5. Lebensjahr wieder sehend, ein Schicksalsschlag, der nach Mays Angaben bestimmend für seinen weiteren Lebensweg und seine Persönlichkeitsentwicklung werden sollte, ja als Schlüssel zu seinem Werk überhaupt zu gelten hat. Die Angaben zur Natur und Therapie dieser Blindheit sind im Vergleich zur sonst recht detailfreudigen Schilderung seiner Kindheit recht mager und unergiebig, lediglich zur Genese betont May ausdrücklich, daß diese Erblindung Folge der *örtlichen Verhältnisse, der Armut, des Unverstandes und der verderblichen Medikasterei*,[18] somit also eindeutig erworben und nicht eine Folge der

---

[15] Hans Wollschläger: Karl May in Selbstzeugnissen und Bilddokumenten. Reinbek 1965, S. 7
[16] Hainer Plaul: Der Sohn des Webers. Über Karl Mays erste Kindheitsjahre 1842-1848. In: Jb-KMG 1979, S. 12-98
[17] Ebd., S. 12
[18] May: Mein Leben und Streben, wie Anm. 2, S.16

Vererbung, sprich angeborene physische Minderwertigkeit, war. Diese prononcierte Zurückweisung einer angeborenen Erkrankung ist nur aus dem Kontext der Auseinandersetzung Mays mit seinem Hauptgegner Rudolf Lebius zu verstehen, der in einem Artikel über May behauptet hatte: »Er machte im frühesten Alter eine schwere chronische Krankheit durch, die offenbar kulturhemmend gewirkt hat.«[19] Im fünften Lebensjahr wurde der blinde Knabe nach Mays Angaben dann von zwei Dresdner Professoren, Carl Friedrich Haase und Woldemar Ludwig Grenser,[20] die seine Mutter während ihrer Hebammenausbildung kennengelernt hatte, binnen kurzem und völlig von dieser Erkrankung geheilt; als Folge entwickelte er sich zu einem kräftigen und höchst widerstandsfähigen Jungen. Aber mit der Heilung war auch die Kindheit beendet: *Sie starb in dem Augenblick, an dem ich die Augen zum Sehen öffnete.*[21]

Bei aller Distanz zu vielen anderen biographischen Angaben Mays – gar »objektiv verlogen; selbst in Einzelheiten verdächtig«[22] nennt Schmidt die Selbstbiographie – ist diese Erblindungsepisode bis heute von keinem Mayforscher auch nur im Ansatz bezweifelt worden,[23] mehr noch, auch die Kausalitätsverknüpfung zwischen frühkindlicher Blindheit und – auch pathologischer – Persönlichkeitsentwicklung ist kritiklos übernommen worden.[24] Die Phantasie des späteren Dichters, sein besonderer Hang zum Imaginären, die außerordentliche Kraft der Autosuggestion, sein Wahrheitsbegriff – all dieses und noch viel mehr wurden durch die Erblindung begründet, oder zumindest: entscheidend geprägt. Plaul sieht in der übermäßigen Verzärtelung und Verwöhnung, die das blinde Kind von Mutter und Großmutter erfahren haben mußte, den Aus-

[19] Ebd., S. 333*, Anm. 11 von Plaul
[20] Carl Friedrich Haase (1788-1865), Professor der Geburtshilfe und bis 30.6.1845 Direktor des Entbindungsinstitutes der Chirurgisch-Medizinischen Akademie zu Dresden, und Woldemar Ludwig Grenser (1812-1872), Professor der Geburtshilfe und seit dem 1.8.1845 als Nachfolger Haases Direktor des Entbindungsinstitutes
[21] May: Mein Leben und Streben, wie Anm. 2, S. 36
[22] Schmidt: Großmystiker, wie Anm. 10, S. 57
[23] Ralf Harder: Die Erblindung – eine entscheidende Phase im Leben Karl Mays. In: Mitteilungen der Karl-May-Gesellschaft (M-KMG) 68/1986, S. 35-38
[24] Hermann Wohlgschaft: Große Karl May Biographie: Leben und Werk. Paderborn 1994, S. 42

gangspunkt einer narzißtisch-neurotischen Fehlentwicklung Mays.[25] Und für Roxin zählt die Erblindung zu den Ursachen für die spätere »gleichwohl erhebliche Kriminalität des jungen May«.[26]

Für May selbst ist die Erblindung der zentrale Zugang zum Verständnis seiner Person und seines Werkes, seines Gespaltenseins zwischen Innen- und Außenwelt und somit Legitimation seiner später manifest gewordenen Psychopathie: *Nur wer blind gewesen ist und wieder sehend wurde, und nur wer eine so tief gegründete und so mächtige Innenwelt besaß, daß sie selbst dann, als er sehend wurde, für lebenslang seine ganze Außenwelt beherrschte, nur der kann sich in alles hineindenken, was ich plante, was ich tat und was ich schrieb, und nur der besitzt die Fähigkeit, mich zu kritisieren, sonst keiner!*[27] Für Mays apologetisches Arsenal sicher eine wichtige Waffe, denn keiner seiner vielen Kritiker dürfte diesen Ansprüchen genügt haben.

Die Angaben Mays über die Erblindung lassen sich folgendermaßen knapp zusammenfassen: Die Erblindung trat nach der Geburt ein, Ursache war mangelnde Hygiene, der Visusverlust während dieser Periode war vollständig, und mit Beginn des fünften Lebensjahres trat durch ärztliche Therapie eine komplette Heilung, eine restitutio ad integrum, ein. Dies sind dann auch die entscheidenden Kriterien, die bei einer differentialdiagnostischen Diskussion von der frühkindlichen Augenkrankheit Mays erfüllt werden müssen.

2.1.2 Hypothetische Erblindungsursachen

Zur Mitte des neunzehnten Jahrhunderts war die Ophthalmia neonatorum, die Infektion von Binde- und Hornhaut des Neugeborenen durch Erregerübertragung aus dem Geburtskanal der Mutter oder durch mangelnde Asepsis nach der Geburt, eine häufig vorkommende Erkrankung des Neugeborenen und führte, bei mangelndem Wissen um Genese und Therapie, nicht selten zu bleibenden Schäden des Auges. Eine Zusammenfassung der wichtig-

---

[25] Plaul: Sohn des Webers, wie Anm. 16, S. 34-47
[26] Claus Roxin: Mays Leben. In: Karl-May-Handbuch, wie Anm. 6, S. 87
[27] May: Mein Leben und Streben, wie Anm. 2, S. 31

sten in Deutschland jemals erhobenen epidemiologischen Studien zeigt die Prävalenz der infektiösen Erblindungsursachen bis weit in unser Jahrhundert hinein.[28] Das Erregerspektrum dieser Ophthalmie ist sehr breit und reicht von Pseudomonas über Staphylokokken, Streptokokken, Pneumokokken bis hin zur gefürchteten Gonokokkeninfektion, bei der eine rasche lokale wie systemische Antibiose erforderlich ist, um die Gefahr eines Übergreifens auf die Hornhaut mit diffuser Trübung und folgender eitriger Einschmelzung und Perforation der Kornea zu verhindern. Diese Gonoblennorrhöe dominierte in Deutschland als »most important single infection causing blindness in the 19th century«,[29] erst die Einführung des Einträufelns von 1%igem Silbernitrat, Argentum nitricum, in den Bindehautsack des Neugeborenen durch den Leipziger Gynäkologen Karl Credé führte zu einer allmählichen Reduktion der Gonoblennorrhöe;[30] in Deutschland ist sie heute noch gesetzlich vorgeschrieben (wobei inzwischen in der Regel antibiotikahaltige Lösungen das Silbernitrat abgelöst haben).

Auch nach der Neugeborenenphase können bakterielle, aber auch virale Infektionen zur Zerstörung der Hornhaut mit anschließender Erblindung führen. Vor allem die Konjunktivitis diphterica führt zu einem ähnlichen Krankheitsbild wie die Gonoblennorrhöe, da auch die Diphteriebakterien rasch das sonst schützende Hornhautepithel durchdringen können.[31] Das Trachom, die Infektion der Binde- und Hornhaut durch Chlamydien, ist heute noch weltweit die häufigste infektiöse Erblindungsursache. Über eine chronisch fortschreitende Konjunktivitis führt es zu einer Gefäßeinsprossung in die sich diffus trübenden Hornhautschichten, zu einem Pannus trachomatus und so zum Visusverlust; bei einer frühzeitigen (lokal antibiotischen) Therapie ist heute allerdings die Prognose recht günstig, im fortgeschrittenen Narbenstadium jedoch weiterhin schlecht. Hier können nur plastische Operationen sowie eine Kera-

[28] Hans Krumpaszky und Volker Klauß: Epidemiology of Blindness and Eye Disease. In: Ophthalmologica, 210/1996, S. 60
[29] Ebd.
[30] Karl Siegmund Franz Credé: Die Verhütung der Augenentzündung der Neugeborenen, der häufigsten und wichtigsten Ursache der Blindheit. Berlin 1884
[31] Fritz Hollwich: Augenheilkunde. Stuttgart-New York [11]1988, S. 88

toplastik zu einer Visusverbesserung führen, der Zustand quo ante ist aber in der Regel nicht mehr erzielbar.[32]

Natürlich gab und gibt es andere, akut oder chronisch-rezidierend verlaufende Infekte, an denen ein Kleinkind wie May damals hätte leiden können, so die auch von Wollschläger differentialdiagnostisch erwähnte Keratoconjunctivitis phlyctaenulosa (sive scrophulosa aut ekzematosa),[33] eine allergisch-hyperergische, herdförmige Binde- und Hornhautentzündung.[34] Befallen werden schlecht ernährte, mangelhaft gepflegte Kinder, allerdings zumeist in der Zeitspanne zwischen Vorschulalter und Pubertät, durch eine Sensibilisierung von Bindehaut und Hornhaut im Rahmen einer unterschwelligen, meist unbemerkt verlaufenden tuberkulösen Erstinfektion.[35] Diese Erkrankung hat eine ausgeprägte Rezidivneigung, denn über den Blutweg gestreute Antigene, also avitale Bakterienbestandteile oder Toxine, führen immer wieder erneut zu einer allergischen Reaktion an Binde- und Hornhaut, dazu können aber auch artfremde Eiweiße wie Schmutz oder andere Bakterientoxine ein exogen ausgelöstes Rezidiv und damit eine lange Erkrankungsdauer verursachen. Neben der lokalen Behandlung und der Therapie der häufig vergesellschafteten Tuberkulose sind allgemein roborierende Maßnahmen wie Frischluftbehandlung, vitaminreiche Kost oder Milieuwechsel zur Abheilung nötig. Aber auch hier taucht das gleiche Dilemma auf: Bei Mitbeteiligung und Eintrübung der Kornea ist die Prognose quoad visum schlecht und kann – heute – nur durch eine spätere Keratoplastik gemildert werden.

Ein aktueller Diskussionsbeitrag zur Genese der Erblindung Mays stammt von dem Mediziner William E. Thomas, der in einem »Vitamin-A-Mangel mit daraus resultierender Xerophthalmie (...) die annehmbarste Erklärung für Mays Blindheit im Alter von fünf Jahren«[36] sieht. Thomas bezieht sich dabei u.a. auf Veröffentli-

---

[32] Hans Joachim Küchle und Holger Busse: Augenerkrankungen im Kindesalter. Stuttgart-New York 1985, S. 114f.

[33] Hans Wollschläger: »Die sogenannte Spaltung des menschlichen Innern, ein Bild der Menschheitsspaltung überhaupt«. Materialien zu einer Charakteranalyse Karl Mays. In: Jb-KMG 1972/73. Hamburg 1972, S. 25f.

[34] Küchle und Busse: Augenerkrankungen im Kindesalter, wie Anm. 32, S. 119

[35] Hollwich: Augenheilkunde, wie Anm. 31, S. 100

[36] William E. Thomas: Karl Mays Blindheit. In: M-KMG 119/1999, S. 49

chungen der WHO, die in der Tat diese Erkrankung als heute weltweit häufigste Ursache von Erblindungen im Kindesalter beschreibt.[37] Nun ist – zumal wie bei einer ja vierjährigen Blindheitsperiode des jungen Mays – die Erblindung infolge eines exzessiven Vitamin-A-Defizites die Endstrecke der Erkrankung. »The loss of deep corneal tissue from ulceration/keratomalacia, however, results in scarring and residual opacification.«[38] Dieser Zustand ist also irreversibel, eine von der WHO veröffentlichte Abbildung eines vierjährigen Mädchens – also vergleichbar mit dem knapp 5jährigen May zur Zeit seiner fiktiven Heilung durch die Dresdner Professoren – mit verbliebener Blindheit bei ansonsten geheiltem Vitamin-A-Mangel demonstriert anschaulich die selbst heute noch existierenden Grenzen einer medizinischen Therapie.[39] Zudem ist die Xerophthalmie, gar die Keratomalzie und darauffolgende Erblindung durch Vitamin-A-Mangel sicher keine Erkrankung der Neonatalphase und daher bestimmt auch keine Domäne der Dresdner Geburtshelfer gewesen. So kann Thomas für die Heilung von Mays Blindheit nur dessen vage Schilderung übernehmen, die Professoren also »stellten gewiß die richtige Diagnose und heilten Karl innerhalb kurzer Zeit«.[40] Ob überhaupt eine völlige Erblindung infolge einer durch Vitamin-A-Mangel bedingten Xerophthalmie zur Zeit der Geburt Mays eine relevante Erkrankung darstellte, ist zweifelhaft; in der von Hugo Magnus 1883 veröffentlichten Studie über Ursachen von Blindheit werden bei 2528 Fällen von doppelseitiger Blindheit insgesamt 51 Ursachen aufgezählt, der Begriff ›Xerophthalmie‹ taucht in dieser Studie jedoch nicht auf.[41]

2.1.3 Widerlegung der frühkindlichen Erblindung

Da May explizit von einer dauernden, völligen Blindheit, einer Amaurose also, schrieb – *Ich sah nichts. Es gab für mich weder Gestalten noch Formen, noch Farben, weder Orte noch Ortsver-*

---

[37] Alfred Sommer: Vitamin A deficiency and its consequences: a field guide to detection and control. Genf [3]1995
[38] Ebd., S. 8
[39] World Health Organization: Prevention of childhood blindness. Genf 1992
[40] Thomas: Mays Blindheit, wie Anm. 36, S. 47
[41] Hugo Magnus: Die Blindheit, ihre Entstehung und ihre Verhütung. Breslau 1883

änderungen[42] – hätte sich diese Erblindung – eine entzündliche Genese vorausgesetzt – nur bei einer morphologisch faßbaren, fortgeschrittenen Schädigung der Kornea durch Einschmelzung, durch Ausbildung eines großflächigen Pannus oder durch ausgedehnte Hornhautvernarbungen ausbilden können – in all diesen Fällen vor 150 Jahren ein irreversibler Zustand, eine endgültige weitgehende Beeinträchtigung, wenn nicht sogar vollständiger persistierender Verlust der Sehfähigkeit.

Ein weiteres und schwerwiegenderes Argument gegen die von May geschilderte vierjährige Blindheit liegt in der physiologischen Entwicklung des kindlichen Sehens. Auf Grund der verzögerten Makulareifung besteht während der ersten zwei Lebenswochen noch ein primitives hypothalamisches Hell-Dunkel-Sehen mit physiologischem Zentralskotom. Anschließend überwiegt bis zum 4. Monat ein peripheres und zentrales Bewegungssehen, bei dem die Makula noch kein Funktionsübergewicht besitzt. Vom 4. Monat an geht das monokulare Sehen in ein zentrales Form- und Gestaltsehen über, bei dem die Makula zunehmend eine Vorrangstellung einnimmt. Analog der Makulareifung ist das Erlernen der zentralen Fixation Ende des siebten Monats abgeschlossen. Bis zum 12. Lebensmonat entwickelt sich die Koordination zwischen visueller Orientierung und dem eigenen Körper, der opto-kinetische Regelkreis – das Kind fixiert einen Gegenstand mit dem Blick, streckt dann die Hand zielstrebig zu dem fixierten Ort und ergreift den Gegenstand unter Führung der Augen. Zwischen dem ersten und dritten Lebensjahr schließlich fällt die Entscheidung, ob sich die visuelle Orientierung durch Koordination beider Augen binokular einspielt oder auf monokulares Sehen beschränkt bleibt. Vor allem die Fähigkeit zur Fusion, zur Verschmelzung der Bilder beider Augen zu einem Seheindruck infolge Zusammenwirkens von motorischen und sensorischen Impulsen des Okzipitallappens, ist im dritten Lebensjahr völlig abgeschlossen.[43]

Falls nun in dieser sensitiven Phase adäquate optische Reize ausfallen, die zur Entwicklung eines binokularen Sehens nötig sind, kommt es zu einer Deprivationsamblyopie, einer nicht mehr rückbildungsfähigen Schwachsichtigkeit bei einem ansonsten intakten

---

[42] May: Mein Leben und Streben, wie Anm. 2, S. 31
[43] Küchle und Busse: Augenerkrankungen im Kindesalter, wie Anm. 32, S. 9-12

optischen Apparat. So muß bei der kongenitalen oder frühkindlichen Katarakt (dem angeborenen oder nach der Geburt erworbenen grauen Star), vor allem wenn sie doppelseitig ausgebildet ist, schon gleich nach Diagnosestellung die operative Linsenentfernung noch im Säuglings- oder Kleinstkindesalter vorgenommen werden, da sich sonst zwangsläufig inzwischen diese therapierefraktäre Amblyopie einstellt.[44] Im Vorschulalter dann gilt eine Kataraktoperation nur noch als rein kosmetischer Eingriff, da die Fähigkeit zum binokularen Sehen nun nicht mehr erlernt werden kann. Neuere Daten aus Amerika belegen, daß diese Linsenentfernung (mit anschließender Applikation von Kontaktlinsen) in den ersten acht Lebenswochen durchgeführt werden muß, um gute bis zufriedenstellende Ergebnisse zu erzielen. Jedoch ist es bisher nicht gelungen, diesen operierten Kindern ein binokulares, also räumliches Sehen zu ermöglichen.[45] Dies gilt auch für den von Gert Asbach als Erblindungsursache Mays[46] vorgeschlagenen Schichtstar, der Katarakta zonularis, bei dem eine schalenförmige Trübung zwischen klarem Linsenkern und klarer Rinde entweder angeboren durch Vererbung oder erworben durch Vitamin-D-Mangel oder Tetanie vorliegt.[47] Bei einer völligen Linsentrübung muß auch hier möglichst früh eine Linsenentfernung vorgenommen werden. Die linsenlosen Augen werden später mit einer Starbrille versorgt, die durch ihre hohe Dioptrienzahl recht auffällig ist und von Karl May nie getragen wurde.

Ein Blick zurück in die Wirklichkeit der zweiten Hälfte des letzten Jahrhunderts offenbart die desolate Lage der blind geborenen Kinder. Die erste ausführliche Studie, die sich auch statistisch mit dem Problem der Kinder- und Jugendblindheit befaßt, stammt aus dem Jahre 1886 – wir können mit gutem Recht annehmen, daß sich vierzig Jahre zuvor die Situation der blinden Kinder nicht besser, ja noch verheerender dargestellt hatte.[48] Hier schreibt Magnus über das eigene (in Breslau untersuchte) Kollektiv von 118 Kindern bzw. Jugendlichen mit angeborener oder kurz nach der

---

[44] Ebd., S. 188-193
[45] Krumpaszky und Klauß: Epidemiology of Blindness, wie Anm. 28, S. 71
[46] Gert Asbach: Die Medizin in Karl Mays Amerika-Bänden. Med. Diss. Düsseldorf 1972, S. 13
[47] Hollwich: Augenheilkunde, wie Anm. 31, S. 142-144
[48] Hugo Magnus: Die Jugend-Blindheit. Klinisch-statistische Studien über die in den ersten 20 Lebensjahren auftretenden Blindheitsformen. Wiesbaden 1886

Geburt erworbener Katarakta totalis: »Jedenfalls ist die Prognose für alle hier behandelten Fälle eine ganz schlechte; denn in 44 Fällen ist von einer Operation vollständig Abstand genommen und in 74 Fällen ist eine solche ohne jeden Erfolg ausgeführt worden.«[49] Da die damalige sozio-ökonomische Lage wie auch die medizinischen Therapiemöglichkeiten Schlesiens mit der des Königreiches Sachsens vergleichbar sind, kann eine Starerkrankung des jungen May mit operativer Heilung dieser Blindheit ganz sicher ausgeschlossen werden.

Nun zeigen viele erhaltene Photos May mit einer Brille; daß sein Visus durch eine Refraktionsanomalie gestört war, ist also sicher. Auf der wohl ältesten Abbildung, May war ca. 33 Jahre alt, trägt er schon eine Brille. Auch die folgenden Portraitaufnahmen zeigen ihn mit einem Kneifer, wohl auch als Betonung der Gelehrsamkeit des Abgebildeten. Frühere Darstellungen Mays existieren nicht, in zwei Steckbriefen aus dem Jahr 1869 fehlt immerhin der Hinweis auf eine Brille als Kennzeichen des Gesuchten.[50] Auf den zahlreichen Kostümphotos, die May als Old Shatterhand bzw. Kara Ben Nemsi darstellen, trägt der Held natürlich keine Brille; aber auch die zahllosen Photos des gealterten Schriftstellers, auch die Photos von seinen beiden großen Auslandsreisen, zeigen May überwiegend ohne Sehhilfe. Zwei Jahre noch vor seinem Tod behauptete er in einem Gespräch mit Kisch: *Ich sehe aber außerordentlich gut, nur trage ich beim Lesen einen Kneifer, weil ich weitsichtig bin.*[51]

Im Karl-May-Museum in Radebeul werden heute noch drei Brillen aus Mays Nachlaß aufbewahrt. Zwei davon sind Sonnenbrillen, von denen eine wiederum aus normalem getönten Glas besteht, die dritte Brille trägt auf dem Etui die Bezeichnung ›Fernbrille‹. Eine optische Analyse (Abbildung) der beiden korrigierten Brillen ergibt, daß May – neben einer leichten Kurzsichtigkeit – an einem Astigmatismus mixtus litt, an einer tonnenförmigen Verkrümmung der Hornhaut verbunden mit einer Weitsichtigkeit. Die Nahbrille

[49] Ebd., S. 41
[50] Klaus Hoffmann: Karl May als »Räuberhauptmann« oder die Verfolgung rund um die sächsische Erde. Karl Mays Straftaten und sein Aufenthalt 1868 bis 1870. 1. Teil. In: Jb-KMG 1972/73. Hamburg 1972, S. 218 und 228
[51] zit. nach: Egon Erwin Kisch: Im Wigwam Old Shatterhands. In: Hetzjagd durch die Zeit. Reportagen. Frankfurt am Main 1974, S. 46

Mays ist nicht mehr erhalten, sie muß entsprechend der erhaltenen Fernbrille mit ca. + 3.0 Dioptrien korrigiert gewesen sein. Ein linsenloses Auge wie nach einer kataraktbedingten Linsenextraktion hätte jedoch eine Korrektur von mindestens 11 Dioptrien erfordert. Ein irregulärer Astigmatismus, durch Hornhautvernarbungen infolge von Verletzungen oder Entzündungen entstanden, kann dagegen optisch durch eine Brille nicht korrigiert werden. So geben also auch die erhaltenen Brillen Mays keinen Hinweis auf eine operativ geheilte frühkindliche Blindheit, mehr noch, sie verweisen sie ebenfalls ins Reich der Legende.

Und schließlich: Hätte nun May als Säugling und Kleinkind tatsächlich an einem Krankheitsbild gelitten, das die Postulate der autobiographischen Schilderung von Blindheit und Heilung erfüllen könnte, so wäre aber, da die Erblindung in eine für das Erlernen des optokinetischen Regelkreises und des binokularen Sehens sensitive Phase gefallen wäre, als Dauerschaden zumindest eine Amblyopie, eine Schwachsichtigkeit mit persistierendem Fehlen des binokularen Sehvermögens verblieben – wofür weder Fremd- noch Autobiographie auch nur vorsichtigste Anhaltspunkte liefern. Und ganz sicher hätte May mit solch einer Sehkrafteinschränkung nicht zehntausende von handschriftlichen Manuskriptseiten bei Kerzenlicht oder Sonnenschein in gleichmäßiger, flüssiger und lesbarer Schrift verfassen können.

So ist in vielfacher Hinsicht die Blindheitsepisode des jungen May eine ophthalmologische Unmöglichkeit, und wie inzwischen ›Der Hakawati‹, das Lieblingsmärchenbuch von Mays Großmutter und damit auch des blinden Enkels, als Phantasieprodukt des gealterten Schriftstellers entmythologisiert wurde, so muß auch die autobiographische Schilderung der frühkindlichen Blindheit und deren wundersame Heilung als nachträgliche Heroisierung oder gar Allegorisierung verstanden werden.

Karl-May-Museum

ᵃ ᴺ⋅ ⋅ ᵍ ᵃ ᵏ ⋅ ⋅ ⋅ ⋅ ⋅ ⋅ ᵛ ᶜ ⋅ ᶜ ᵍ ᵗ ⋅ ⋅ ⋅ ᵐ ᵇ ᵏ⋅

Herrn
Johannes Zeilinger
Heilbronner Str. 25

10779 Berlin

Radebeul, den 27. November 1997

Sehr geehrter Herr Zeilinger,

entschuldigen Sie bitte, das meine Antwort etwas auf sich warten ließ, aber z.Z. leben wir hier ein wenig stressig. Es sind noch drei Brillen (vermutlich von Karl May) vorhanden: Zwei Sonnenbrillen und eine Fernbrille (steht jedenfalls auf dem Etui). Eine Sonnenbrille mit normalen Glas, die andere ziemlich schwach. Die normale Brille ist dann doch etwas stärker. Anbei die Ergebnisse, hoffentlich nützen sie Ihnen etwas.

Mit freundlichen Grüßen

Hans Grunert
Kustos der Karl-May-Sammlung

```
R    SPH:  - 0.25
     ZYL:  + 0.00  X   90°
PSM HOR:    0.25 AU
     VER:    0.50 OBE

L    SPH:  - 0.25
     ZYL:  + 0.25  X   38°
PSM HOR:   -0.25 INN
     VER:    0.25 UNT

NET PSM H:  0.00
         V:  0.75 OB 00

PD: 62.0

   (R 31.0 +  L 31.0)
```

Sonnenbrille

```
R    SPH:  - 1.50
     ZYL:  + 1.75  X   96°
PSM HOR:    0.25 AU
     VER:    0.25 UNT

L    SPH:  - 1.00
     ZYL:  + 1.25  X   87°
PSM HOR:    0.00 AU
     VER:    0.25 UNT

NET PSM H:  0.25 AU
         V:  0.00

PD: 65.5

   (R 32.5 +  L 33.0)
```

Fernbrille ((H. Etui)

ᵇ ⋅ ᵉ ⋅ ⋅ ⋅ ᵃ ⋅ ᴡ ⋅ ⋅ ᵖ ᵉ ⋅
⋅ ⋅ ⋅ ⋅ ⋅ ⋅ ⋅ ⋅ ⋅ ⋅ ⋅ ⋅ ⋅ ⋅
⋅ ⋅ ⋅   ⋅ ⋅ ⋅ ⋅ ⋅ ⋅ ⋅ ⋅ ⋅
Achtung neue Rufnummer!
Tel. 830 27 23
Fax 830 99 18

2.1.4 Mögliche Ursachen der Erblindungslegende

Bezeichnend ist, daß May erst recht spät von seiner Erblindung berichtet; vor der autobiographischen Schilderung taucht nur in dem Roman ›Old Surehand I‹ der Hinweis auf eine kindliche Erblindung auf, hier allerdings mit der Variation, daß der spätere adleräugige Old Shatterhand gleich dreimal als Kind erblindet war und dreimal operiert werden mußte – dazu erst mit sechs Jahren das Laufen erlernte, hier wiederum schweigt die Autobiographie – und seine Heilung quasi als Gottesbeweis fungiert.[52] Während May an diesem Roman schrieb, quälten ihn tatsächlich Augenprobleme, schon im Herbst 1893 und weiter dann im Frühjahr und Sommer 1894 berichtete er in Briefen an seinen Verleger Fehsenfeld von dieser belastenden Erkrankung[53] – ohne allerdings in diesen Briefen (soweit bekannt) eine früher durchgemachte Erblindung zu erwähnen oder nur anzudeuten.

Eine Variante dieser Legende hat Marie Hannes überliefert, die als sechzehnjährige Verehrerin 1897 May kennenlernte und fünf Jahre später ihre Erinnerungen an diese Begegnung und an die Erzählungen Mays als Manuskript zusammenfaßte: »Der kleine Karl nun war ein äußerst schwächliches Kind – fast gelähmt – sehr augenkrank – kurz – kaum lebensfähig.«[54] Immerhin war damals nur die Rede von einem halbblinden Kind, das dann aber, schwächlich wie es war, unglücklicherweise von einer Kutsche angefahren wurde. Der erschrockene Besitzer der Kutsche, ein österreichischer Edelmann, ließ das verletzte Kind in eine Klinik bringen und dort machte der kleine Karl »auch eine Augenoperation durch, und zwar mit bestem Erfolge (...)«[55] Einen Druck dieses Manuskripts hatte May allerdings mit Erfolg verhindert, da, wie Hannes später als alte Dame in einem Brief feststellte, »die Wie-

---

[52] Karl May: Gesammelte Reiseromane Bd. XIV: Old Surehand I. Freiburg 1894, S. 411f.
[53] erwähnt bei: Fritz Maschke: Karl May und Emma Pollmer. Die Geschichte einer Ehe. Bamberg 1973, S. 59
[54] Marie Hannes: Allerlei von Karl May. In: Leben im Schatten des Lichts. Marie Hannes und Karl May. Eine Dokumentation. Hrsg. von Hans-Dieter Steinmetz und Dieter Sudhoff. Bamberg-Radebeul 1997, S. 88
[55] Ebd.

dergabe seines Lebens, wie er sie mir und meinen Eltern erzählt hatte (...) ein Märchen war!«[56]

So könnte also eine mögliche, wenn auch weiterhin hypothetische, Deutung der Genese der Legende von der frühkindlichen Blindheit darin liegen, daß, während May gerade an ›Surehand I‹ schrieb, ein passageres Augenleiden die Erinnerung an eine frühkindliche Augenerkrankung bzw. an das unentwirrbare Konglomerat aus eigenen, von Eltern überlieferten und eigener Phantasie ausgeschmückten Kindheitsdetails weckte, dann eine romanhafte Umgestaltung – oder genauer: Gestaltung – erfuhr und von da an in die eigene Biographie eingeflochten wurde. In der Autobiographie erfuhr dann diese mutierte Erinnerung eine weitere Überhöhung, nun war sie endgültiger Beweis der Einzigartigkeit, ja des jenseits aller menschlicher Kritikfähigkeit liegenden exzeptionellen Schicksalsweges seines Schöpfers geworden.

Eine frühkindliche Augenerkrankung, z.B. im Sinne der Konjunktivitis phlyctaenulosa, kann also durchaus die Kindheitsjahre Mays begleitend erschwert haben und in Dresden von den medizinischen Lehrern der Mutter erkannt und dann adäquat therapiert worden sein; so finden bei der ausgeprägten Rezidivneigung dieser Erkrankung auch spätere eigene (s.o.) und fremde Erwähnungen[57] von quälenden Augenerkrankungen ihre Erklärung, möglicherweise auch die motivische Affinität Mays zu Augenerkrankungen und deren Überwindung. So war eine der Hochstaplerrollen des jungen May die Figur des Augenarztes Dr. med. Heilig, und Augenarzt war von Beruf auch eine der bedeutenderen mythomanischen Ich-Projektionen Mays, Dr. Karl Sternau, omnipotenter Held des Waldröschenzyklus und auch als Urologe, Toxikologe oder Neurochirurg ein wahrer medizinischer Tausendsassa. Anderseits beherrschte May virtuos das damals gängige Genre des Kolportage- und Unterhaltungsromans – dazu gehörte natürlich auch das anrührende Schicksal blinder Kinder. Und der blinde Seher, in Mays Roman ›Am Jenseits‹ eine der Zentralfiguren, dem kompensatorisch ein innerer Blick in die Zukunft oder eben ins Jenseits gege-

---

[56] Marie Hannes, Klara May und Euchar A. Schmid: Briefe 1936-1950. In: Ebd., S. 434
[57] George Grosz: Ein kleines Ja und ein großes Nein. Hamburg 1955, S. 81

ben ist, ist schon seit der Homerischen Figur des Teiresias gängiger Topos in der abendländischen Literatur.[58]

Schließlich: das von Roxin[59] und Plaul[60] für die Authentizität der Mayschen Schilderung angeführte Argument, daß Erblindungen im Kindesalter im entsprechenden Milieu damals recht häufig auftraten, würde nur dann Sinn machen, wenn ebenso die Heilung dieser erblindeten Kleinkinder damals zum Alltag gehört hätte. Jenseits aller Spekulationen läßt sich aber die von May beschriebene eigene Blindheitsepisode zunächst nur als phantastisch-allegorische Überhöhung einer unglücklichen Kindheit verstehen, als Stilisierung eines ungewöhnlichen Lebens. Die fundamentale Bedeutung allerdings, die May später dieser nie durchlebten Blindheit für das Verständnis der eigenen Persönlichkeitsentwicklung beimaß, weist aber auf eben diese Psychopathie hin: Als Pseudologe, als pathologischer Lügner also, wird May gerne von seinen Biographen beschrieben. Ohne schon hier genauer kritisch auf diesen Terminus einzugehen, fügt sich doch diese Mitleid rückinduzierende Legende vom blinden Kind geradezu modellhaft in die pseudologische Erzählstruktur des Autors ein, unbemerkt aber gerade von jenen Biographen, die die Pathographie Mays gerne auf diese pseudologische Veranlagung reduzieren.

2.2 Exemplarische Einführung in das Karl-May-Problem

Die wachsende Popularität Mays, die gleichermaßen das literarische Werk wie auch die vom Schriftsteller selbst geschaffene Fiktion einer personellen Identität von Autor und Romanheld einschloß, mußte zwangsläufig zu kritischen Reaktionen führen, die sich zunehmend auf die Person des Autors konzentrierten. Noch im Juli 1897 schätzte sich ein Journalist glücklich, dem »Mann, der die ganze Welt bereist hat, der über 1200 Sprachen

---

[58] Ein detaillierter Überblick über das Thema Blindheit in der Literatur bei (der seit Geburt blinden Autorin) Pilar Baumeister: Die literarische Gestalt des Blinden im 19. und 20. Jahrhundert: Klischees, Vorurteile und realistische Darstellungen des Blindenschicksals. Frankfurt am Main 1991
[59] Roxin: Mays Leben, wie Anm. 26, S. 68
[60] May: Mein Leben und Streben, wie Anm. 2, S.333*, Anm. 12 von Plaul

und Dialekte versteht,«[61] begegnet zu sein. Als zwei Jahre später May im Zenit seines Erfolges sich auf einer mehrmonatigen Orientreise befand, veröffentlichte der Redakteur der Frankfurter Zeitung, Fedor Mamroth, im Feuilleton seiner Zeitung aus Anlaß dieser Reise eine eher harmlose Glosse, die gar nicht so sehr die schriftstellerischen Qualitäten Mays abwerten wollte, sondern auf die ›Ich-Form‹ der Romane, also die Verquickung von Autor und Protagonisten zielte, wo doch »Karl May die fremden Länder, die er so anschaulich schildert, mit keinem Fuß betreten hat«.[62] Der kurze Artikel führte bei Anhängern wie Gegnern Mays zu heftigen Reaktionen, so daß Mamroth in weiteren Kommentaren seinen Kritikpunkt präzisierte, den »Kultus der Unwahrheit«[63] anprangerte, und da May »auch im bürgerlichen Leben die Fiktion festhält und bestärkt, er selbst habe das, was er darstellt, erlebt und vollbracht, werden seine Phantasmen zu Unwahrheiten, werden seine Erzählungen unmoralisch im strengsten Sinne dieses vielmißbrauchten Wortes«.[64] Zum Abschluß dieser Fehde zitierte Mamroth die ›Kölnische Volkszeitung‹ und gab May mit den Worten ihres Chefredakteurs Hermann Cardauns den versöhnlich-ironischen Rat, »er möge darauf verzichten, Jules Verne und den Apostel Paulus in einer Person darzustellen, sich auf das erstere Genre beschränken und dabei, wenn eben möglich, seinen Stil verbessern«.[65]

Mamroths Kritik, von positivistischem Wahrheitsverständnis geprägt, ist von doppeltem Interesse, und daher mußte auf sie hier eingegangen werden: Die fiktive Identität Mays mit seinen Helden, die hartnäckig wiederholte Behauptung, alle dargestellten Abenteuer – und viele ungenannte mehr – selbst erlebt zu haben, mußten für einen nüchternen Beobachter wie Mamroth als pure Hochstapelei, als ein Ärgernis, erscheinen. Erklärbar wäre sie ja nur mit einer genaueren Charakteranalyse Mays gewesen, aber dies lag ja außerhalb der Intentionen und Möglichkeiten Mam-

---

[61] Roxin: Mays Leben, wie Anm. 26, S. 103
[62] zit. nach: Hansotto Hatzig: Mamroth gegen May. Der Angriff der »Frankfurter Zeitung«. In: Jb-KMG 1974. Hamburg 1973, S. 114
[63] Ebd., S. 122
[64] Ebd., S. 122f.
[65] Ebd., S. 124; der Artikel erschien am 5.7.1899 in der ›Kölnischen Volkszeitung‹ unter der Überschrift ›Ein ergötzlicher Streit‹ (abgedruckt in: Bernhard Kosciuszko: Im Zentrum der May-Hetze – Die Kölnische Volkszeitung. Materialien zur Karl-May-Forschung Bd. 10. Ubstadt 1985, S. 2-4).

roths, und – damals – schon gar nicht im Interesse Mays. Jedenfalls war Mamroths Kritik die Ouvertüre der kritischen Beschäftigung mit der Person Mays, und, da sie ungewollt auf eine bizarre Persönlichkeitsstruktur des Autors hinwies, auch seiner Pathographie. Zum anderen fügte auch die Reaktion Mays eine weitere Facette zur eigenen Pathographie hinzu. Denn noch während der Orientreise, just auf der er gerade den alten, aufschneiderischen May über Bord geworfen haben wollte, antwortete er unter dem Namen seines Freundes Richard Plöhn, Ehemann seiner späteren zweiten Frau Klara, in einer vielseitigen Polemik, die Mamroths Frage nach dem Wahrheitsgehalt seiner Werke als *geistige Pfennigfuchserei*[66] abtat und in der Behauptung gipfelte: *So lange die Erde steht, hat noch nie die Presse irgend eines Landes in dieser haarsträubenden Weise an einem Schriftsteller gehandelt! Und dieser so öffentlich an das Kreuz, nein, an den Schandpfahl geschlagene Mann ist der frömmste, gläubigste Christ, der edelste, beste Mann, den es nur geben kann, der durch seinen edlen, wohltätigen Sinn bekannteste Bürger seines Wohnortes und ein so begeisterter Patriot ...*[67] Eine solche Reaktion nun war mehr als »übertriebene Aufgeregtheit«,[68] sie war deutlich abnorm.

Dabei war Mamroths Kritik nur das Wetterleuchten kommender Ereignisse. Zum einen wurden ab 1901 die ursprünglich pseudonym veröffentlichten Kolportageromane unautorisiert neu und unter Mays Namen herausgegeben, der bis dato als besonders sittsam geschätzte Schriftsteller wurde nun als Verfasser minderwertiger, ja unmoralischer und sittenloser Schundromane denunziert. Die zwangsläufig einsetzende Prozeßlawine – sie wurde erst nach Mays Tod beendet – förderte immer weitere bislang unbekannte oder verheimlichte Details aus Mays Vorleben zutage; nicht nur der falsche Doktortitel, sondern auch Mays Vorstrafen sickerten allmählich durch. Galt May lange Zeit als katholischer Schriftsteller, so entstanden ihm nun gerade aus dem katholischen Lager neue publizistische Gegner, die nicht nur die bekannten Vorwürfe der Unsittlichkeit seiner Kolportageromane aufgriffen, sondern in breiter Front sein Gesamtwerk angriffen. In vielen Varianten wurden diese Angriffe in der deutschen Presse wiederholt und verbrei-

---

[66] Karl May: May gegen Mamroth. Antwort an die »Frankfurter Zeitung«. In: Jb-KMG 1974. Hamburg 1973. S. 138

[67] Ebd., S. 145

[68] Claus Roxin: Das vierte Jahrbuch. In: Jb-KMG 1974. Hamburg 1973. S. 11

tet; May reagierte »mit dem hoheitsvollen Gestus der Unantastbarkeit und verbissener Streitsucht«[69] mit einer Unzahl von Gegendarstellungen, Inseraten, Prozeßschriften und Beleidigungsklagen. Vielleicht hätte eine ruhigere Reaktion Mays zu einer Versachlichung der entstandenen Kampagne führen können, doch eben dies lag außerhalb Mays Fähigkeiten; in keiner seiner zahlreichen Apologien sind selbstkritische Anklänge zu finden. Zu Geständnissen war er nur dann bereit, wenn auf Grund erdrückender Sachlage keine Ausflüchte mehr möglich waren.

War also bei dem unglücklichen Verlauf der bisherigen öffentlichen wie juristischen Auseinandersetzungen May nicht ganz frei von Mitschuld, so hatte die Kampagne, die ab 1904 der Journalist Rudolf Lebius gegen May entfachte, eindeutig einen qualitativ anderen Charakter, der einem gnadenlosen, ja bösartigen Rachefeldzug glich und nun wirklich die Vernichtung Mays zum Ziel hatte. Lebius hatte sich 1904 mit der Bitte um ein zinsloses Darlehen an May gewandt und ihm als Gegenleistung publizistische Unterstützung angeboten. Da May ablehnte, gar mit einer Erpressungsanzeige reagierte, veröffentlichte Lebius in rascher Folge Enthüllungsartikel über die Person Mays; es entspann sich in den folgenden Jahren eine juristische Dauerschlacht, in der kein Detail aus Mays Privatleben verschont blieb und keine noch so abwegige und haltlose Attacke von Lebius' Seite unterblieb. Den Tiefpunkt dieser Kampagne bildete die Entscheidung des Amtsgerichts Berlin-Charlottenburg vom 10.4.1910, nach der May straflos als ›geborener Verbrecher‹ bezeichnet werden durfte. In Folge dieses Gerichtsurteils »fanden jetzt die gröbsten Verunglimpfungen, die Lebius verbreitet hatte, weithin Glauben. Schlagzeilen, die May als ›Banditen‹, ›abgestraften Räuber‹ oder ›literarischen Schinderhannes‹ bezeichneten, waren an der Tagesordnung«.[70]

Wie zeitgenössische Photos[71] und Berichte von Gesprächspartnern Mays[72] zeigen, trug diese Auseinandersetzung zur rapiden Alterung, zum physischen Verfall Mays bei. Daß aber gerade in dieser

---

[69] Helmut Schmiedt: Karl May. Studien zu Leben, Werk und Wirkung eines Erfolgsschriftstellers. Königstein 1979, S. 45
[70] Roxin: Mays Leben, wie Anm. 26, S. 120
[71] Gerhard Klußmeier und Hainer Plaul: Karl May. Biographie in Dokumenten und Bildern. Hildesheim ²1992, S. 265
[72] Kisch: Im Wigwam Old Shatterhands, wie Anm. 51

desolaten Situation May noch einmal die innere Kraft zu einem positiven Lebensentwurf, zu einer Vision von Güte, einem geläuterten ethischen Postulat fand, ist die vielleicht erstaunlichste, sicherlich bewegendste Leistung des Abenteuerschriftstellers Karl May. Am 22.3.1912 sprach, gesundheitlich schon angegriffen, Karl May in Wien zu einem zwei- bis dreitausend Köpfe zählenden Publikum in freier Rede zum Thema ›Empor ins Reich der Edelmenschen‹. Zu seinen Füßen in der ersten Reihe saß die Friedensnobelpreisträgerin Bertha von Suttner, nur einen Stehplatz im überfüllten Sophiensaal dagegen hatte – so die Fama – ein damals noch unbekannter Arbeitsloser, Adolf Hitler, erhalten.[73] Mays Rede sollte zum Vermächtnis seiner geläuterten Vita werden, acht Tage später starb er in Radebeul an den Folgen einer Pneumonie, die er sich in Wien zugezogen hatte. Bertha von Suttner schrieb in einem gefühlvollen Nachruf: »Wer den schönen alten Mann (...) sprechen gehört, durch ganze zwei Stunden, weihevoll, begeisterungsvoll, in die höchsten Regionen des Gedankens strebend – der mußte das Gefühl gehabt haben: In dieser Seele lodert das Feuer der Güte«.[74]

2.3 Bisherige Hypothesen über Mays Psychopathologie
2.3.1 Frühe Hypothesen

Über den Tod Mays hinaus hatten die prozessualen Auseinandersetzungen und die dazu parallel laufenden publizistischen Kontroversen das Bild der Person Mays geprägt. So wurde 1917 im 18. Band des ›Biographischen Jahrbuchs und deutschen Nekrologs‹ May als ein »in seiner moralischen Widerstandskraft Gebrochener« charakterisiert, seine Phantasie als »dauernd verdorben« klassifiziert.[75] Daher hatten in der Folgezeit Schriften zur Person Mays mehr das Ziel, May zu rehabilitieren, ihn von dem Odium der Unsittlichkeit und des Verbrechertums zu befreien – bezeichnenderweise hatte die erste Promotion über May den Titel: ›Der Volksschriftsteller Karl May – Beitrag zur literarischen Volkskun-

---

[73] Brigitte Hamann: Hitlers Wien. Lehrjahre eines Diktators. München-Zürich 1996, S. 544-548
[74] zit. nach: Ekkehard Bartsch: Karl Mays Wiener Rede. Eine Dokumentation. In: Jb-KMG 1970. Hamburg 1970, S. 80
[75] zit. nach Helmut Schmiedt: Kritik und Rezeption Karl Mays. In: Karl-May-Handbuch, wie Anm. 6, S. 618

de‹.[76] In dieser Arbeit verzichtete Heinz Stolte denn auch auf jegliche pathographische Diskussionen, erst später bezeichnete er ihn vorsichtig als einen »psychopathischen Traumgänger«.[77] Nun hatte aber schon May in autobiographischen Schriften recht deutliche Hinweise gegeben, daß er – allerdings nur zur Zeit seiner Straftaten – an einer krankhaften psychischen Störung gelitten habe. Zu seinen halluzinatorischen Erlebnissen schrieb er in seiner Autobiographie: *Jeder Andere hätte das als Wahnsinn bezeichnet* ...;[78] in einer Eingabe an den Untersuchungsrichter Larras beklagte er, daß die Vagantenzeit ihn *vor den Strafrichter brachte, anstatt vor den Arzt und Psychologen.*[79] So kam es bald zu ersten, vorsichtigen Versuchen, den Menschen May auch pathographisch zu beschreiben, die bizarren, unverständlichen Seiten seines Charakters wie Lebensweges als Ergebnis einer klinisch manifesten psychischen Erkrankung zu deuten. In einer Besprechung der Autobiographie ›Mein Leben und Streben‹ urteilte der Anthropologe Friedrich Krauss:»Ohne es selber zu merken, entwirft May von sich ein ganz vortrefflich anschauliches Bild eines schwer belasteten Neurotikers, der da seine durch eine verpfuschte Jugend krankhaft gesteigerte Sexualität endlich zu einem religiös mystischen Edelmenschentum sublimiert hat.«[80] 1919 schrieb der Psychotherapeut Richard Engel, ebenfalls nach Durchsicht der Autobiographie:»Ich kann es mir gut denken, daß er sich wehrte, für krank zu gelten, obwohl er es, mit den Augen des Psycho-Analytikers gesehen, zweifellos gewesen ist. (...) Also angenommen, daß May das glaubt, was er schreibt, ist man genötigt, ihn dem Heere der Psycho-Neurotiker einzuordnen.«[81] Die weitere Debatte über den Gesundheitszustand Mays wurde aber zumeist als Ergänzung der Debatte über die kriminologische Vergangenheit geführt. So beschrieb Anton Hellwig, ein Amtsrichter, in einer ›kriminalpsychologischen‹ Untersuchung, die sich auf das Wissen der forensischen Literatur der Zeit bezog, May als eine psychopathische Persön-

---

[76] Heinz Stolte: Der Volksschriftsteller Karl May – Beitrag zur literarischen Volkskunde. Radebeul 1936

[77] Heinz Stolte: Das Phänomen Karl May. Bamberg 1969, S. 16

[78] May: Mein Leben und Streben, wie Anm. 2, S. 117

[79] zit. nach: Rudolf Lebius: Die Zeugen Karl May und Klara May. Ein Beitrag zur Kriminalgeschichte unserer Zeit. Berlin-Charlottenburg 1910, S. 90

[80] zit. nach: Karl May: An die 4. Strafkammer des Königl. Landgerichtes III in Berlin. Privatdruck 1911, S. 122

[81] zit. nach: Ludwig Gurlitt: Gerechtigkeit für Karl May! Radebeul 1919, S. 173f.

lichkeit, ohne allerdings den Terminus genauer zu differenzieren.[82] Otto Forst-Battaglia attestierte dem gealterten May, »von seelischer Krankheit zerfressen«,[83] eine Angstpsychose.

Das Ziel des Karl-May-Verlages allerdings, den Schriftsteller May und sein Werk zu rehabilitieren, vor allem die Bestrebungen der Witwe Klara May, ihren verstorbenen Ehemann zu »Goethe und Napoleon in einer Person«[84] zu stilisieren, kollidierten mit Bestrebungen, eine wahrheitsgemäße Aufarbeitung der Lebensgeschichte Mays zu unternehmen. Wertvolles biographisches Material, das gerade seine Schattenseiten hätte erhellen können, wurde von ihr vernichtet; der Verlag, nach Klaras Tod in den Besitz des Nachlasses gekommen, trug nur wenig zur Erweiterung des Erkenntnisstandes über die Person Mays bei. Die Zeit der nationalsozialistischen Herrschaft brachte dann auch die wenigen Diskussionen zum Erliegen, das Interesse an den Auseinandersetzungen um Mays Person erlahmte, denn ein Psychopath konnte nun kein Vorbild deutsch-völkischer Jugend mehr sein. May, dessen Abenteuerromane Hitlers bevorzugte Bettlektüre darstellten, wurde auf einen Autor »gesunder« Jugendlektüre reduziert. Nur so ist Klaus Manns Polemik, »the Third Reich is Karl May's ultimate triumph, the ghastly realization of his dreams«,[85] erklärbar.

2.3.2 Beginn einer neuen Pathographie

Die Nachkriegsperiode brachte eine Konsolidierung des Bildes von May als eines reinen Abenteuerschriftstellers, das durch die ab 1962 einsetzende Welle von erfolgreichen, aber anspruchslosen Verfilmungen verstärkt wurde. Neu belebt wurde die Diskussion über Mays Werk und Person erst durch die fruchtbare Provokation Arno Schmidts, der in einer ›Studie zu Wesen, Werk & Wirkung Karl May's‹ die Romane ein »unerschöpfliches Chaos von Kitsch

---

[82] Anton Hellwig: Die kriminalpsychologische Seite des Karl-May-Problems. In: Karl-May-Jahrbuch (KM-Jb) 1920. Radebeul 1919, S. 187-250

[83] Otto Forst-Battaglia: Karl May. Ein Leben, ein Traum. Zürich-Leipzig-Wien 1931, S. 55

[84] Johannes Schröder: Karl May. Ein Aufruf. Berlin 1922, S. 13

[85] Klaus Mann: Cowboy Mentor of the Führer. In: The Living Age, 1940, S. 217ff.; zit. nach: Schmiedt: Karl May, wie Anm. 69, S. 243

& Absurditäten«[86] nannte, aber das bisher selbst bei Anhängern häufig Ratlosigkeit hervorrufende Spätwerk in den Rang deutscher Hochliteratur erhob. Den Erfolg Mays erklärte er aus dessen unterdrückten hetero-, vor allem aber homosexuellen Bedürfnissen, die in Landschaftsbilder, Handlungen, Namen wie Personenbeschreibungen verschlüsselt vom Leser unbewußt entziffert und genossen werden könnten. Mays Werk: »Eine Welt, aus Hintern erbaut«![87]

Auch als Reaktion auf Schmidt konstituierte sich 1969 die ›Karl-May-Gesellschaft‹, die als eines ihrer Arbeitsfelder das Ziel sah, »Mays Lebensspuren so lückenlos wie noch irgend möglich festzuhalten und die Voraussetzungen für eine umfassende May-Biographie zu schaffen«.[88] Unabhängig vom Karl-May-Verlag, zu dem die Gesellschaft bis heute ein ausgesprochen ambivalentes Verhältnis pflegt, sind seitdem grundlegende Arbeiten zur Werkanalyse, zur Biographie und Wirkungsgeschichte erschienen; das Bild Mays ist so deutlich differenzierter geworden. Die Personalunion von May-Forschern und Funktionären der KMG hat allerdings zwangsläufig dazu geführt, daß zumindest tendenziell das heutige Bild Mays von eben diesen Forscher-Funktionären geprägt ist und abweichende Analysen mit teilweise unverständlicher Schärfe beantwortet werden.[89]

Die unter Förderung der KMG erschienene ›Große Karl May Biographie‹[90] von Hermann Wohlgschaft kann allerdings die ursprüngliche Forderung nach einer gültigen Biographie Mays nur unzureichend erfüllen und ist selbst unter publizierenden Mitgliedern der KMG nicht unumstritten;[91] sie beeindruckt mehr durch ihren kompilatorischen Fleiß und Umfang als mit originären For-

---

[86] Arno Schmidt: Sitara und der Weg dorthin. Eine Studie über Wesen, Werk & Wirkung Karl May's. Karlsruhe 1963, S. 10

[87] Ebd., S. 114

[88] Erich Heinemann: Eine Gesellschaft für Karl May: 25 Jahre literarische Forschung 1969-1994. Husum 1994, S. 32

[89] Claus Roxin: Zu Dr. Axel Mittelstaedts Wollschläger-Kritik. In: Magazin für Abenteuer, Reise- und Unterhaltungsliteratur, Sammelband 1. Hrsg. von Thomas Ostwald unter Mitarbeit von Armin Stöckhert. Braunschweig 1978. S. 55-61

[90] Wohlgschaft: Große Karl May Biographie, wie Anm. 24

[91] Rudi Schweikert: »Durchs wilde Theologistan«. In: FAZ (4.10.1994). Literaturbeilage, L 20

schungsergebnissen und fokussiert zudem Mays Werk recht ein-
dimensional auf sein ›katechetisches Anliegen‹, erklärt das Phänomen May aus der Sicht der christlichen Heilslehre:»May war,
als gläubiger Christ, zugleich auch ein Sünder, ein Mensch mit
größeren Fehlern, ein Mensch, der – wie alle – der Vergebung
bedurfte.«[92]

2.3.3 Pseudologia phantastica (Stolte und Roxin)

Den Beginn einer neuen, ernsthaften pathographischen Beschreibung machte Roxin mit detaillierten Untersuchungen über Mays
Straftaten[93] und seiner Renommierphase.[94] In beiden Arbeiten
bezeichnet er May als Pseudologen, einen Terminus, den erstmals
Forst-Battaglia[95] erwähnt hatte und den mehr als 30 Jahre später
Stolte,[96] allerdings ohne weitere Erläuterungen, wiederaufgenom-
men hatte. Nun bezeichnete Roxin seine erste Arbeit selbst als
›vorläufige Bemerkungen‹,[97] und entsprechend unscharf ist seine
pathographische Beschreibung Mays: ein habitueller Hochstapler
war er nicht, kein Pseudologe durch und durch also; eher veranlagt
mit pseudologischen Neigungen, die ansonsten einen Schriftsteller, einen Schauspieler, eben einen Künstler ausmachen. Übersetzt
in medizinische Terminologie müßte Roxin May als histrionische
Persönlichkeit definieren, wobei bemerkenswert ist, daß in der
heutigen psychiatrischen Nomenklatur ›histrionisch‹ den bisher
gebräuchlichen Begriff ›hysterisch‹ ersetzte.[98] So hatte also »Mays
Charakter keinen Sonderfall, sondern den Typus des Künstlers zur
Erscheinung«[99] gebracht. Nur unter speziellen Belastungen führt
die besondere Neigung des Pseudologen zu hysterischen Reaktio-

---

[92] Wohlgschaft: Große Karl May Biographie, wie Anm. 24, S. 419
[93] Claus Roxin: Vorläufige Bemerkungen über die Straftaten Karl Mays. In: Jb-
KMG 1971. Hamburg 1971, S. 74-109
[94] Roxin:»Dr. Karl May, genannt Old Shatterhand«, wie Anm. 8, S. 15-73
[95] Forst-Battaglia: Karl May, wie Anm. 83, S. 80
[96] Stolte: Das Phänomen Karl May, wie Anm. 77, S. 16
[97] Roxin: Vorläufige Bemerkungen über die Straftaten Karl Mays, wie Anm. 93
[98] Volker Dittmann: Das Konzept der Persönlichkeitsstörungen (F6). In: Von
der ICD-9 zur ICD-10. Neue Ansätze der Diagnostik psychischer Störungen in
der Psychiatrie, Psychosomatik und Kinder- und Jugendpsychiatrie. Hrsg. von
H. Dilling, E. Schulte-Markwort und H.J. Freyberger. Bern u.a. 1994, S. 144
[99] Roxin: Vorläufige Bemerkungen über die Straftaten Karl Mays, wie Anm.
93, S. 88

nen dann zu einem vorübergehenden Abgleiten ins Pathologische
und Außergesetzliche. So ist auch Roxins Feststellung, daß Mays
»Abweichungen von der normalen Gemütsverfassung seit 1870
mit Sicherheit keinen Krankheitswert mehr besaßen«,[100] nur aus
der Sichtweise eines Strafrechtlers verständlich, zumal er kurz
darauf über eine hochpathologische Periode in Mays Leben, die
sogenannte Renommierperiode,[101] berichtet. Hier hatte er aber die
inzwischen veröffentlichten Thesen Wollschlägers[102] übernommen, May war also nun mit einer narzißtischen Neurose behaftet,
sein Renommiergehabe ein Mittel, das alte, vatergeprägte Ich-Ideal
zu verteidigen, das bald schon auf der Orientreise zerbrach und
einem verwandelten Karl May Raum schuf.

Der Begriff ›Pseudologie‹ stammt von Adolf Delbrück und bezeichnete ursprünglich eine Mischung aus Lüge mit Selbstbetrug,
wahnhafter Überzeugtheit oder rückläufiger Erinnerungsstö-
rung.[103] Unter Berücksichtigung der auf Delbrück folgenden Arbeiten läßt sich die Pseudologie heute zusammenfassend als das
spielerische Erfinden von zum Teil selbstgeglaubten Lügen, die im
Dienste der Ich-Erhöhung Bewunderung wie Mitleid sowie eigene
Selbsttäuschung bewirken, definieren. Schon Delbrück erkannte,
daß die Pseudologie ein nosologisch unspezifisches Symptom ist,
das bei verschiedenen Störungen und in verschiedener Ausprägung vorkommen kann. Entsprechend variabel ist ihre diagnostische Zuordnung in den letzten 100 Jahren: Ursprünglich wurden
Pseudologen als Psychopathen, präziser als hysterisch-geltungs-
süchtige Psychopathen, dann als Neurotiker[104] beschrieben, Theodor Spoerri[105] fügt noch erlebnisreaktives Verhalten mit sogenann-
tem ›acting-out‹ Verhalten zu. In der französischen Literatur wird
die Pseudologie als Mythomanie bezeichnet, in der neueren amerikanischen Klassifikation als »often a symptom exhibited by pa-

---

[100] Ebd., S. 82
[101] Roxin: »Dr. Karl May, genannt Old Shatterhand«, wie Anm. 8, S. 15-73
[102] Wollschläger: »Die sogenannte Spaltung des menschlichen Innern«, wie
Anm. 33
[103] Adolf Delbrück: Die pathologische Lüge. Stuttgart 1891
[104] H. Haensler: Zur Psychodynamik der Pseudologie. In: Nervenarzt 39/1968,
S. 106-113
[105] Theodor Spoerri: Pseudologie. In: Lexikon der Psychiatrie. Hrsg. von Ch.
Müller. Berlin-Heidelberg-New York ²1986, S. 530f.

tients with a borderline disorder«[106] eingeteilt. Der Begriff der
›Pseudologia phantastica‹ als symptomatologisches Phänomen ist
heute aber weitgehend aus den relevanten Klassifikationsschemata
der psychiatrischen Nomenklatur verschwunden, weder bei der
ICD-10[107] noch DMS-IV[108] wird er mehr erwähnt. Überlebt hat der
Begriff in seiner praktischen Anwendung in der forensischen
Terminologie, und nur so ist die Einführung dieser Bezeichnung
durch Roxin zu verstehen; er hat sich allerdings in der weiteren
May-Literatur etabliert und breite Akzeptanz gefunden. Wenn
auch sich bei May immer wieder pseudologische Elemente finden
lassen, für die solitäre erzählerische Kreativität, die extremen
Stimmungsschwankungen, die halluzinatorischen Zustände, die
psychotoiden Zustände und für die Spaltungserlebnisse – um nur
einige Phänomene zu erwähnen – gibt die Titulierung Mays als
Pseudologen weder eine phänomenologisch hinreichende noch
psychopathisch klassifizierende Erklärung.

2.3.4 Narzißtische Neurose (Wollschläger)

Roxins Arbeiten stützten sich immerhin auf dokumentierte Ereignisse. Einen anderen Weg schlug nun Wollschläger, das »literarische Werk wie Anamnesematerial«[109] behandelnd, ein, um bei
dem begrenzten biographischen Material tiefere Erkenntnisse über
den Menschen May zu gewinnen. Er deduzierte aus dem Werk
Mays in (psycho-)analysierender Methode die Pathographie Mays
und, da gerade aus dem für eine Psychoanalyse so wichtigen Bereich der Kindheit Zeugnisse fehlen, sogar traumatische Urszenen,
die für die pathologische Entwicklung Mays richtungsgebend
gewesen sein mußten. Auf die Gefahr, so den verläßlichen Boden
einer biographischen Forschung rasch zu verlassen, hatte schon
Wolf-Dieter Bach unfreiwillig hingewiesen, der den immer wie-
derkehrenden Topos des Blutes in Mays Werk durch eine neuro-
senerzeugende Frustration des Säuglings May beschrieb: »Mays

---

[106] Frank J. Ayd: Lexicon of Psychiatry, Neurology, and the Neurosciences.
Baltimore u.a. 1995, S. 540
[107] Weltgesundheitsorganisation: Internationale Klassifikation psychischer
Störungen: ICD-10, Kapitel V(F). Bern u.a. ²1993
[108] American Psychiatric Association: Diagnostic and Statistical Manual of
Mental Disorders. Fourth Edition. Washington 1994
[109] Wollschläger: »Die sogenannte Spaltung des menschlichen Innern«, wie
Anm. 33, S. 11

Mutter dürfte Schwierigkeiten mit den allzu kräftig die Brustwarzen fassenden Kieferchen des kleinen Karl gehabt haben; wie nicht selten bei stillenden Müttern könnten infolge allzu heftiger Beanspruchung der Brustwarzen Blutungen aufgetreten sein, die schließlich zu frühzeitiger Abstillung führen mußten. Das durch Schmerzen bewirkte Zurückzucken der Mutter wie auch die endgültige Verweigerung der Brust ist wohl vom Säugling als frustrierend erlebt worden. In diesem Zusammenhang wird auch das Vergiftungsmotiv bei May verständlich; Säuglinge vertragen mit Blut vermischte Muttermilch nicht und geben sie wieder von sich.«[110] Für Wollschläger allerdings »wäre das Verbot« an die analytische Methode ein Erkenntnisverbot schlechthin«,[111] er verläßt den Bachschen Konjunktiv und postuliert eine traumatisierende Urszene, »[getraut sich] zu behaupten, daß die Mutter Christiane Wilhelmine May um die Zeit 1844/45 einen Geliebten gehabt hat, dem sie ihre Liebe schenkte, – und daß das Kind Karl in einem ganz bestimmten, ganz konkreten Augenblick ›mit eigenen Ohren‹ erfuhr, daß die Liebe der einzig geliebten Person nicht ihm allein gehörte«.[112] Nun geht es Wollschläger bei dieser Szene nicht etwa um biographische Aufhellung, sondern sie ist in der Kette seiner Beweisführung, May habe an einer schweren narzißtischen Affektion gelitten, unverzichtbares erstes Glied. Denn Wollschläger beruft sich in seiner Definition des narzißtischen Charakters auf die Schriften Sigmund Freuds und Wilhelm Reichs und definiert den Narzißmus als »eine neurotische Erkrankung, in deren Ursachen-Zentrum bedingungsmäßig eine schwere Liebesversagung durch die wichtigste Bezugsperson (beim Knaben durch die Mutter) steht, eine Versagung, die die Ich-Entwicklung des Kindes entscheidend verändert«.[113] Dementsprechend steht und fällt Wollschlägers Argumentation, der ansonsten keine weiteren Diskussionen über die Begriffe ›Narzißmus‹ und ›Neurose‹ führt, die ja beide in der Zeit nach Freud und Reich entscheidend modifiziert wurden, mit dem fiktiven Entzug der Mutterliebe.

[110] Wolf-Dieter Bach: Fluchtlandschaften. In: Jb-KMG 1971. Hamburg 1971, S. 67
[111] Wollschläger: »Die sogenannte Spaltung des menschlichen Innern«, wie Anm. 33, S. 12
[112] Ebd., S. 31
[113] Ebd., S. 16

Da Wollschläger in seiner Arbeit sich ausgiebig auf Freud und dessen Arbeit zum narzißtischen Charakter[114] bezieht, muß kurz – noch bevor der Begriff Neurose zur Diskussion kommt – auf ein offensichtliches Mißverständnis Wollschlägers in seinem Freud-Verständnis hingewiesen werden. Freuds Überlegungen zum Narzißmus – laut Wollschläger »für die Psychoanalyse umfassend definiert«[115] – hatten ihren Ausgang in einer Betrachtung der Paraphrenie, einer Freudschen Definition, die sowohl die von Kraepelin formulierte Dementia praecox als auch die Bleulersche Schizophrenie umfaßt. Im Gegensatz zu späteren Narzißmusdefinitionen bezeichnete Freud mit narzißtischen Neurosen jene »Manifestationen, in welchen sich die Patienten total von ihrer Umgebung zurückgezogen haben, wie er dachte, auf ihren eigenen Narzißmus. Dieser mehr oder weniger totale Unterbruch in der Kommunikationsfähigkeit würde sich nur in Fällen von schizophrenen oder manisch-depressiven Psychosen ergeben (...)«.[116] Müßte man nun May als im Freudschen Sinne schwer narzißtisch gestört bezeichnen, würde er ja an einer von Freud so definierten Paraphrenie leiden, rückübersetzt in die heute gängige Terminologie an einer schizophrenen oder affektiven Psychose – beides aber für Wollschläger wiederum ausgeschlossen. Zu Recht stellte denn auch Freud fest, diese Paraphreniker entzögen »sich der Beeinflussung durch die Psychoanalyse«, werden »für unsere Bemühungen unheilbar«.[117] Da Wollschläger aber später May diese narzißtischen Störung überwinden läßt – »welche Kraft diesen Vorgang bewirkte, welcher Anstoß die Zertrümmerung einleitete, bleibt dunkel«[118] –, wäre dies – nähme Wollschläger Freud auch hier beim Wort – eine unmögliche, also eben nur einem Helden von Shatterhandschem Format mögliche Großtat. Gesunden läßt aber Wollschläger May nun auch nicht, an Stelle der narzißtischen Neurose tritt eine wie auch immer geartete Altersneurose.

---

[114] Sigmund Freud: Zur Einführung des Narzißmus. In: Sigmund Freud: Gesammelte Werke. 10. Band, Werke aus den Jahren 1913-1917. Frankfurt am Main ⁴1967, S. 137-170

[115] Wollschläger: »Die sogenannte Spaltung des menschlichen Innern«. wie Anm. 33, S. 16

[116] Raymond Battegay: Narzißtische Persönlichkeitsstörungen. In: Handwörterbuch der Psychiatrie. Hrsg. von R. Battegay, J. Glatzel, W. Pöldinger und U. Rauchfleisch. Stuttgart 1984, S. 321

[117] Freud: Zur Einführung in den Narzißmus, wie Anm. 114, S. 139

[118] Wollschläger: »Die sogenannte Spaltung des menschlichen Innern«. wie Anm. 33, S. 57

Nun hat Plaul in einer sehr detaillierten Untersuchung über die Kindheitsjahre Mays die Mutter des Autors – im Gegensatz zu Wollschlägers Vermutungen – als eine »sehr rührige, aktive, selbstbewußte, intelligente und praktisch veranlagte Frau«[119] gezeichnet und Wollschlägers ›Urszene‹ ins Reich der Spekulation verwiesen. Gleichwohl stimmt Plaul Wollschlägers Diagnose des narzißtisch strukturierten Neurotikers im wesentlichen zu, stützt sich dabei aber auf Ergebnisse der modernen Neurosenlehre, die die Neurose als eine primäre Fehlentwicklung definieren. Für ihn ist »Mays Neurose auf eine fehlerhafte Erziehung, auch in bezug auf sein Blindsein zurückzuführen.«[120] Nicht früherfahrene Liebesversagung durch die Mutter, sondern die von Mutter und Großmutter überreichlich gewährte Liebe hätten dem Kind den Eintritt in die soziale Wirklichkeit erschwert, zu Mays späteren Anpassungskonflikten und Kontaktschwierigkeiten geführt. Ist bei Wollschläger Mays Werk »eine einzige Recherche nach der verlorenen Liebe«,[121] so lebt es bei Plaul »auch von der Sehnsucht nach dem verlorengegangenen Großmutter-Paradies (...)«.[122]

Die These von der narzißtischen Störung Mays als pathographischer Charakterbeschreibung wurde rasch populär und in die weitere biographische Beschreibung übernommen, ja erhielt apodiktische Endgültigkeit: »An der Diagnose einer schweren narzißtischen Affektion in Mays Entwicklung kann kein Zweifel bestehen.«[123] Allerdings konnten die nun folgenden Modelle pathographischer Beschreibungen das Niveau der überaus subtilen, kenntnisreichen und in ihrer Geschlossenheit sehr faszinierenden Arbeit von Wollschläger nicht mehr halten.

---

[119] Plaul: Der Sohn des Webers, wie Anm. 16, S. 48

[120] Ebd., S. 38

[121] Wollschläger: »Die sogenannte Spaltung des menschlichen Innern«, wie Anm. 33, S. 84

[122] Plaul: Der Sohn des Webers, wie Anm. 16, S. 40

[123] Schmiedt: Karl May, wie Anm. 69, S. 30

2.3.5 Variationen der These einer narzißtischen Störung (Schmidbauer, Wolff und Worm)

Diese Arbeiten, die ebenfalls den narzißtischen May beschreiben, variieren allerdings die ätiologischen Faktoren. Für den Psychotherapeuten Wolfgang Schmidbauer war es »die einseitige, einfühlslose Anspruchshaltung des Vaters«,[124] die May zum Größenwahn trieb; von der »gelähmten, passiven Mutter«[125] nahm er an, daß sie »sich aus der bedrückenden Familienwirklichkeit in eine stille Depression zurückzog«.[126] Immerhin kommt Schmidbauer bei der Deutung der frühkindlichen Blindheit, einer »Verlängerung des intrauterinen Zustandes«,[127] zu der Vermutung, sie hätte seelische Ursachen gehabt, sei Ausdruck einer Verweigerungshaltung des Kindes (recte: des Säuglings!) gewesen, »die bedrückende Realität um ihn herum wahrzunehmen«[128] – Hinweise, daß eine solche psychogene Blindheit im frühkindlichen Alter tatsächlich kasuistisch schon beschrieben wurde, fehlen allerdings.[129] Sein Narzißmuskonzept unterscheidet sich jedoch wesentlich von dem seiner Vorgänger, es ist nun Ausdruck einer spezifischen gesellschaftlichen Situation: »Der Narzißmus als psychologisches Thema ist eine Folge der Konkurrenz in einer Gesellschaft. Nur wo es Ungleichheiten gibt, ist der Held möglich.«[130]

Einen anderen Weg schlug Gabriele Wolff ein, für sie war es »also müßig, die Frage nach einer exakten Diagnose zu stellen, da sie für ein Verständnis des Menschen Karl May nicht notwendig ist«.[131]

---

[124] Wolfgang Schmidbauer: Die Ohnmacht des Helden. Unser alltäglicher Narzißmus. Reinbek 1981, S. 117
[125] Ebd., S. 116
[126] Ebd., S. 115
[127] Ebd., S. 113
[128] Ebd., S. 129
[129] dazu: Annette Lackmann-Pavenstädt: Psychogene Blindheit. Darstellung eines Falles. Med. Diss. Berlin 1976. Bei allem Polymorphismus dieser Störung können dabei drei abgrenzbare Formen von psychog. Blindheit differentialdiagnostisch unterschieden werden: 1. Psychogene Augensymptome wie Spasmen der Augenmuskulatur, die das Sehen indirekt stören. 2. Hysterische Amblyopie (oder Amaurose) durch eine funktionelle Hemmung der Sehrinde als Flucht aus einer Konfliktsituation. 3. Vorgetäuschte Blindheit als Zielneurose.
[130] Schmidbauer: Die Ohnmacht des Helden, wie Anm. 124, S. 273
[131] Gabriele Wolff: Versuch über die Persönlichkeit Karl May. Sonderheft der Karl-May-Gesellschaft Nr. 45/1983, S. 13

In argumentativer Anlehnung an die individualpsychologischen Theorien Adlers sieht sie in der Blindheit des Kindes Karl May eine Organminderwertigkeit, die zu einem dauernden Antrieb in der Entwicklung der Psyche und dem Weltbild wurde, ja ihn geradezu zum Schriftsteller prädestinierte. Die Diagnose ›Narzißmus‹ als Störung des Gemeinschaftsgefühls fügt sich in diese individualpsychologische Betrachtungsweise nahtlos ein.

Heinz-Lothar Worm unterstreicht in seiner Arbeit wiederum die narzißtische Charakterstruktur Mays, sucht sie aber weniger in der realen Lebensgeschichte des Schriftstellers als in einer Analyse seines literarisierten Ichs Kara Ben Nemsi nachzuweisen.[132] An Kara Ben Nemsi setzt Worm also den Kriterienmaßstab des DSM-III an und findet seine Diagnose in allen Punkten bestätigt, muß aber so den analysierten Helden recht oberflächlich zu einer eindimensionalen Figur, einem gefühllosen Egomanen reduzieren. Zu Mays spezieller Pathographie vermutet Worm – hier May im Spiegel der ›Genielehre‹ untersuchend – gar, »daß die hirnorganischen Gegebenheiten bei ihm ein Ineinanderfließen von Impulsen der rechten und der linken Hirnhemisphäre zuließen, er also direkten Zugang zum Unbewußten hatte. Damit wäre dann auch eine Erklärung für die Tatsache gegeben, daß er bereits in jungen Jahren die Welten des Scheins und des Seins nicht sauber voneinander trennen konnte und infolgedessen mit dem Gesetz in Konflikt kam.«[133] Der Vergleich der Narzißmustheorie Alice Millers[134] wieder mit der Figur Kara Ben Nemsis und seiner Taten bringt jedoch eine wichtige Sicht auf das Werk Mays: der Wechsel von Grandiosität und Depression, von Worm in Anlehnung an Millers Thesen als »die für die narzißtische Störung typische schwankende Bewußtheitslage zwischen den Extremen«[135] bezeichnet, läßt sich, »abgesehen vom Alterswerk, durchgängig im Opus Karl Mays nachweisen (...)«.[136] ›Grandiosität‹ übersetzt mit ›überhöhter Selbsteinschätzung‹, mit ›Größenwahn‹, wäre dann ja laut ICD-10

---

[132] Heinz-Lothar Worm: Karl Mays Helden, ihre Substituten und Antagonisten. Tiefenpsychologisches, Biographisches, Psychopathologisches und Autotherapeutisches im Werk Karl Mays am Beispiel der ersten drei Bände des Orientromanzyklus. Paderborn 1992
[133] Ebd. S. 279
[134] Alice Miller: Depression und Grandiosität als wesensverwandte Formen der narzißtischen Störung. Psyche 33/1979, S. 132-156
[135] Worm: Karl Mays Helden, wie Anm. 132, S. 278
[136] Ebd., S. 240

ein Kennzeichen einer manischen Störung (F30),[137] und folglich Mays Orientwerk, das nun Worm genauer untersuchte, eine literarische Verschlüsselung des affektiven Kontrasts zwischen Manie und Depression – dieser nun naheliegenden Fährte konnte oder wollte aber Worm nicht folgen.

2.3.6 Hysterische Neurose (Mittelstaedt)

Die pathographischen Arbeiten aus medizinischer Sicht sind in der Minderzahl und haben in der breiten Rezeption kaum Spuren hinterlassen. Der Arzt Axel Mittelstaedt benützt in seiner Studie Mays Selbstbiographie explizit als anamnestisches Material und akzeptiert so auch Mays Mythos der frühkindlichen Erblindung (die er als Ophthalmia neonatorum deutet) als psychoreaktiven, ätiologisch wichtigen Faktor für seine Charakterentwicklung, erwähnt aber auch psychopathische, durch den Vater präformierte negative Wesenszüge, die in ihrer Summierung bei May einen hysteroiden Typus schufen.[138] Die von May in seiner Selbstbiographie geschilderten Dämmerzustände sowie akustischen Halluzinationen seiner Vagantenperiode sind für Mittelstaedt geradezu pathognomonische Beweise seiner Diagnose eines hysterischen Syndroms, auch die Pseudologie fügt sich in die Beweiskette ein, wenn er auch unter Berufung auf Bleuler konzediert, daß sie »häufig, aber nicht notwendig mit dem hysterischen Syndrom vorkomm(t)«.[139] Seine Forderung, »kein Stabbrechen über Karl May, sondern zwingende Diagnose«,[140] erfüllt Mittelstaedt selbst allerdings nur ungenügend, da nach seiner Meinung May während seines Aufenthaltes in der Strafanstalt Waldheim (1870-74) unter der therapeutischen Führung des Gefängniskatecheten Kochta geheilt wurde (sich hier somit Roxins früher These anschließt) und damit alle weiteren realen wie literarisierten psychopathologisch manifesten Symptome in Mays späterem Leben ignoriert. Als Resümee faßt Mittelstaedt seine Deutung der Charakterentwicklung Mays also folgendermaßen zusammen: »Seine hysteroide

---

[137] Weltgesundheitsorganisation: Internationale Klassifikation psychischer Störungen, wie Anm. 107, S. 132-135
[138] Axel Mittelstaedt: Zur Charakterentwicklung Karl Mays. In: Thomas Ostwald: Karl May – Leben und Werk. Braunschweig [4]1977, S. 309-330
[139] Ebd., S. 329
[140] Ebd., S. 321

introvertierte Persönlichkeitsstruktur, durch die frühkindliche Kindheit geprägt, führt in einer ernsten Krisensituation zum Ausbruch eines klinischen Syndroms. May schildert selbst exemplarische, pathognomonische Befunde, die zu dieser psychiatrischen Diagnose führen. Die Heilung gelingt einer außerordentlichen Persönlichkeit, dem Katecheten Kochta, der mit Sicherheit heute allgemein praktizierte psychoanalytische und psychotherapeutische Methoden anwendete.«[141]

2.3.7 Borderline-Syndrom (Langer)

In einer kurzen, vom Titel her aber recht anspruchsvollen Arbeit, repetiert Kurt Langer zunächst die »bunte Palette von möglichen psychiatrischen Diagnosen«[142] und fügt in die Reihe der differentialdiagnostischen Erwägungen eine endogene Psychose, »vor allem eine Schizophrenie oder eine schizoaffektive Psychose«[143] hinzu. Langer akzeptiert ebenfalls den Wahrheitsgehalt Mays autobiographischer Schilderungen seiner Seelenzustände, weist so auf die »lebenslange Neigung zu halluzinatorischen Erlebnissen bzw. psychotischen Reaktionen«,[144] allerdings zu Recht auch auf das völlige Fehlen einer schizophrenen Defektsymptomatik beim gealterten May hin. Nun kann eine fünfseitige Untersuchung dem selbstgestellten Anspruch auf eine ›psychiatrisch-tiefenpsychologische Untersuchung‹ des psychischen Gesundheitszustandes Karl Mays kaum gerecht werden, aber sie ergänzt die bisherigen Diskussionen um eine psychiatrisch ausgerichtete Diagnose: May »litt an einem sogenannten Borderline-Syndrom, einem Grenzzustand zwischen Neurose und Psychose bzw. einer schweren Neurose mit Neigung zu psychotischen Eskalationen«.[145]

---

[141] Ebd., S. 328
[142] Kurt Langer: Der psychische Gesundheitszustand Karl Mays. Eine psychiatrisch-tiefenpsychologische Untersuchung. In: Jb-KMG 1978. Hamburg 1978. S. 168
[143] Ebd.
[144] Ebd., S. 171
[145] Ebd., S. 172

2.3.8 Dissoziative Persönlichkeitsstörung (Thomas)

In einem – als offenen Brief an die Karl-May-Gesellschaft formulierten – Beitrag bereichert der Internist Thomas die pathographische Diskussion um eine gänzlich neue Variante. »Because of unfortunate circumstances in his youth Karl May developed what is known today as Dissociative Identity Disorder (D.I.D.).«[146] Da Thomas nun diese These zusätzlich im Internet[147] erläutert hat, soll sie an dieser Stelle erwähnt werden. Die genaue Bezeichnung dieser Störung lautet im DSM-IV wie folgt: ›300.14 Dissociative Identity Disorder (former Multiple Personality Disorder)‹. »The essential feature of Dissociative Identity Disorder is the presence of two or more distinct identities or personality states (Criterion A) that recurrently take control of behavior (Criterion B). There is an inability to recall important personal information, the extent of which is too great to be explained by ordinary forgetfulness (Criterion C). The disturbance is not due to the direct physiological effects of a substance or a general medical condition (Criterion D).«[148] In der ICD-10 wird diese Störung unter der Gruppe der ›sonstigen dissoziativen Störungen‹ als multiple Persönlichkeitstörung (F44.81)[149] geführt. Als einzige Quelle zitiert Thomas Passagen aus Mays Autobiographie, über deren Authentizität schon Plaul recht kritisch geurteilt hat: »Zu den vieldiskutierten Mitteilungen der Selbstbiographie gehören besonders die ausführlichen Schilderungen Mays über seine seelische Zuständlichkeit bei Vorbereitung und Durchführung seiner Straftaten. Die erst in den letzten Jahren gelungene Wiederentdeckung von Dokumenten über jene Verfehlungen lassen heute allerdings die ›Authentizität dieser Schilderung‹ mit Recht zumindest ›problematisch‹ erscheinen.«[150] Aber selbst wenn Mays Schilderungen tatsächlich authentische Beschreibungen seiner Psychopathologie darstellen würden, so erfüllen diese ganz sicher auch nur annähernd nicht die Kriterien einer ›multiplen Persönlichkeit‹. »Diese Störung ist selten, und es wird kontrovers diskutiert, in welchem Ausmaß sie iatrogen oder

---

[146] William E. Thomas: Karl May would have been found NOT GUILTY. In: KMG-Nachrichten 118/1998, S. 42

[147] www.karl-may-stiftung.de

[148] APA: Diagnostic and Statistical Manual of Mental Disorders, wie Anm. 108, S. 484

[149] Weltgesundheitsorganisation: Internationale Klassifikation psychischer Störungen, wie Anm. 107, S. 182

[150] May: Mein Leben und Streben, wie Anm. 2, S. 521*, Nachwort von Plaul

kulturspezifisch ist. Das grundlegende Merkmal ist das offensichtliche Vorhandensein von zwei oder mehr verschiedenen Persönlichkeiten in einem Individuum. Dabei ist zu einem Zeitpunkt jeweils nur eine sichtbar. Jede Persönlichkeit ist vollständig, mit ihren eigenen Erinnerungen, Verhaltensweisen und Vorlieben.«[151] Vor allem in den USA hat die Diskussion um die Existenz von multiplen Persönlichkeiten obsessive Formen angenommen, da die Psychogenese dieser Störung hauptsächlich durch frühkindlichen Mißbrauch und Inzest erklärt wird und so viele labile Menschen zur Darbietung einer Persönlichkeitsspaltung animiert.[152] Ohne hier weiter auf die Abstrusitäten dieser Diskussion einzugehen, kann aber die Zuordnung Mays als multiple Persönlichkeit im besten Falle nur als Versuch gewertet werden, die Debatte um Mays Persönlichkeit um eine recht spekulative, lege artis aber nicht diagnostizierbare Variante zu bereichern.

2.3.9 Zusammenfassende Diskussion der bisherigen Hypothesen

Die Schwierigkeiten aller bisherigen Versuche, Mays Psychopathologie mit einer hinreichenden Diagnose zu benennen, weisen zunächst auf die Variabilität oder auch: Beliebigkeit der – vermuteten – zugrundeliegenden Störung, nämlich einer Neurose, hin. Ohne nun die historische Entwicklung des Neurosenbegriffs ausführlich abzuhandeln, läßt sich bei der neueren Neurosenforschung ein zusehender Verfall der Nosologie dieser Störung feststellen.[153] Bei den heutigen Divergenzen in der Neurosenforschung kann eine gültige Definition dieser Erkrankung nur noch recht allgemein ausfallen. Sven Olaf Hoffmann und Gerd Hochapfel bezeichnen sie unter Berücksichtigung aller Erfassungen als »psychogene, überwiegend umweltbedingte Erkrankungen, die eine Störung im psychischen und/oder körperlichen und/oder charakterlichen Bereich bedingen«.[154] Vor allem vier Modelle

---

[151] Weltgesundheitsorganisation: Internationale Klassifikation psychischer Störungen, wie Anm. 107, S. 182
[152] Ian Hacking: Multiple Persönlichkeit. Zur Geschichte der Seele in der Moderne. München-Wien 1996
[153] Sven Olaf Hoffmann und Gerd Hochapfel: Einführung in die Neurosenlehre und psychosomatische Medizin. Stuttgart ⁴1991
[154] Ebd., S. 31

werden heute diskutiert, die sich zum Teil überschneiden: das Modell des reaktualisierten Entwicklungskonfliktes, bei dem Neurosen Folgezustände von reaktivierten, unbewußten infantilen Konflikten darstellen; das Modell des erhaltenen Entwicklungsschadens, bei dem durch reale traumatische Entwicklungsbedingungen Entwicklungsschäden in Neurose münden; das Modell der verfehlten Lernvorgänge, bei dem Neurosen Ergebnisse von unzureichenden oder fehlgeleiteten Lernvorgängen sind; und letztlich das genetisch-konstitutionelle Modell, bei dem auch genetische Faktoren für die Entstehung, aber auch die Wahl des Neurosentypus, von Bedeutung sind.

Diese Variabilität des Neurosenbegriffs hat natürlich zunächst die Folge, daß die Bezeichnung selbst heute zur Disposition steht. Schon im DSM-III wurde der Begriff ›Neurose‹ vermieden. Vor allem in der ICD-10 hat die Einteilung und Benennung der klassischen Neurosen die größte Veränderung erfahren. Der theoretische Neurosenbegriff wurde »sowohl in seiner psychoanalytischen, wie in seiner lerntheoretischen oder gesellschaftspolitischen Ausarbeitung geopfert«.[155] Die Krankheitsbilder und Störungen sind nun nicht mehr nach vermuteten Entstehungsbedingungen, sondern nach Symptomähnlichkeit zusammengefaßt worden. Dies bedingt: alle »Theorien, insbesondere das vertraute Konfliktmodell, spielen künftig bei der Diagnose dieser Störungen kaum noch eine Rolle«.[156]

Nun haben – abgesehen von der nicht hinreichenden und heute nicht mehr gebräuchlichen Deskription des Pseudologen – alle Autoren beim Versuch, Mays Psychopathologie zu entschlüsseln, den anamnestischen oder analytischen Weg gewählt. Dabei wurde – in unterschiedlicher Gewichtung – immer wieder eine frühkindliche Blindheit und eine pathologische Mutterbeziehung als ätiologisch prägende Ursache späterer Störungen akzeptiert; Wollschlägers Behauptung, »Mutterschuld und Blindheit: diese beiden

---

[155] Werner Mombour: Das Konzept der neurotischen und psychophysiologischen Störungen F4 und F5. In: Von der ICD-9 zur ICD-10. Neue Ansätze der Diagnostik psychischer Störungen in der Psychiatrie, Psychosomatik und Kinder- und Jugendpsychiatrie. Hrsg. von Horst Dilling, Elisabeth Schulte-Markwort und Harald J. Freyberger. Bern u.a. 1994, S. 127-137
[156] Ebd., S. 129

Erinnerungshülsen blieben für May zeitlebens miteinander verlö-
tet«,[157] wurde zu einem Axiom seiner Mayforschung.

Jedoch gerade diese Ursachenforschung zur Diagnosestellung
einer psychischen Störung ist in den heute gültigen Klassifikationsschemata lediglich von sekundärer oder gar tertiärer Bedeutung
– für die Mayforschung ergibt sich daraus die Forderung nach
einer Neuorientierung, die Forderung, über eine sorgfältige Deskription Mays psychische Störung neu zu definieren. Diese Forderung ist um so drängender, als alle traumatheoretischen Arbeiten
Spekulationen über Mays Frühkindheit mit definitivem Wahrheitsgehalt ausstatteten, denn sowohl Blindheit als auch pathologische
Mutterbeziehung sind Mystifikationen des Schriftstellers und
seiner späteren Biographen.

Vor allem das linear-kausale Denken, die Verknüpfung von –
größtenteils noch erfundenen – Kindheitstraumata mit dem späteren Lebenswerk Mays »mag in den Anfängen der Psychotherapie,
vor nunmehr 100 Jahren, den Stand der wissenschaftlichen Erkenntnis widergespiegelt haben, heute ist es nicht mehr haltbar«.[158]

Ein gutes Beispiel für diese Abkehr von analytischen, oft sehr
theoriebefrachteten Erklärungsmodellen bietet der gerade bei May
so häufig strapazierte Begriff der narzißtischen Störung. Unter
Bezug auf Arbeiten von Freud und Adler definierte Wollschläger
noch recht prägnant: »Der narzißtische Charakter ist, auf einem
Nenner definiert, eine Schutzbildung gegen Regressionen auf die
anale Stufe und ihre passiv-femininen Fixierungen.«[159] Heinz
Kohut bezeichnete sie als Resultat einer Entwicklungsstörung im
Sinne eines – traumatisch bedingten – Sistierens eines normalen
Entwicklungsprozesses in den ersten Lebensjahren eines Kin-
des.[160] Für Otto Kernberg stellte der pathologische Narzißmus des
Erwachsenen – im Gegensatz zum normalen, altersadäquaten
Narzißmus des Kindes – dagegen eine Fehlentwicklung dar, in der

---

[157] Wollschläger: »Die sogenannte Spaltung des menschlichen Innern«, wie
Anm. 33, S. 26
[158] Ursula Nuber: Der Mythos vom frühen Trauma. Über Macht und Einfluß
der Kindheit. Frankfurt am Main 1995, S. 40
[159] Wollschläger: »Die sogenannte Spaltung des menschlichen Innern«, wie
Anm. 33, S. 52f.
[160] Heinz Kohut: Narzißmus. Eine Theorie der psychoanalytischen Behandlung
narzißtischer Persönlichkeitsstörungen. Frankfurt am Main 1973

pathologisches ›Größen-Selbst‹ den Kern der Selbst-Repräsentanz bildet und eine darunter liegende Borderline-Störung verdeckt.[161] Die inzwischen gewachsene Erkenntnis jedoch, daß es sehr problematisch ist, ein »psychoanalytisches Konstrukt der Konzeption eines Krankheitsbildes oder einer Persönlichkeitsstörung zugrunde zu legen«,[162] hat nun zu einer konsequenten Verlagerung auf die Deskription von Kriterien aus der Verhaltensebene geführt.

2.4 Grundlagen und Möglichkeiten einer Neuinterpretation der Psychopathologie Mays
2.4.1 Operationale Diagnoseschemata

»Psychiatrische Diagnostik und Klassifikation haben in den letzten drei Jahrzehnten vermehrt Aufmerksamkeit gefunden. Ursache waren die häufigen Diskrepanzen und Widersprüche zwischen Psychiatern in ihrer Existenz vieler psychiatrischer Schulen, die alle ihr eigenständiges Diagnosesystem verwendeten. Diagnosen verschiedener Schulen und Länder waren häufig nicht miteinander vergleichbar, es gab Diagnosen, die in anderen Ländern überhaupt nicht vorkamen oder unverständlich blieben, mit dem gleichen Diagnosennamen wurden unterschiedliche Definitionen verbunden etc.«[163] Vor allem internationale Studien über die Vergleichbarkeit psychiatrischer Diagnosen, die in den 60er Jahren durchgeführt wurden, »wirkten desillusionierend, indem sie die Unvereinbarkeit psychiatrischer ›Sprachen‹ in ihrem ganzen Umfang vorlegten«.[164] Diese historisch gewachsene Sprachverwirrung konnte nur durch ein internationales Klassifikationssystem gelöst werden, das auf einem Konsens von nationalen wie internationalen Experten und

---

[161] Otto Kernberg: Borderlinestörungen und pathologischer Narzißmus. Frankfurt am Main 1978
[162] Rainer Tölle: Persönlichkeitsstörungen. In: Psychiatrie der Gegenwart. Band I: Neurosen, psychosomatische Erkrankungen, Psychotherapie. Hrsg. von K. P. Kisker, H. Lauter, J.-E. Meyer, Chr. Müller und E. Strömgren. Berlin u.a. ³1986 S. 170
[163] Werner Mombour und Norman Sartorius: Aktueller Stand bei der Entwicklung des Kapitels V der ICD-10. In: Psychiatrische Diagnostik nach ICD-10 – klinische Erfahrungen bei der Anwendung; Ergebnisse der ICD-10-Merkmalstudie. Hrsg. von Volker Dittmann, Horst Dilling und Harald J. Freyberger. Bern u.a. 1992, S. 13
[164] Paul Hoff: Historischer Abriß zur Klassifikation und Diagnostik. In: Ebd., S. 10

Fachgesellschaften beruhte und unter der Regie der Weltgesundheitsorganisation ausgearbeitet wurde. Aktuelles und derzeit weltweit gültiges Ergebnis dieser Bemühungen ist die von der WHO vorgelegte Internationale Klassifikation der Krankheiten in ihrer 10. Revision, kurz ICD-10 genannt. In dieser Klassifikation erfuhr im Kapitel V(F) die psychiatrische Diagnostik den Entwicklungsschritt zu einer operationalen, d.h. an phänomenologischen Merkmalen, Verlaufs- und Zeitkriterien orientierten Diagnostik. Dieser Schritt war schon vorher in der American Psychiatric Association (APA) vollzogen worden, die ein eigenes nationales, primär für Psychiater geschaffenes Klassifikationsschema, das Diagnostic and Statistical Manual of Mental Disorders (aktuell in seiner vierten Revision) herausgegeben hatte. Wenn auch in Details bei der Definition einzelner Erkrankungen noch Diskrepanzen herrschen, bestehen im »Aufbau, in den grundlegenden Zielen und in den gefundenen Diagnosenamen (...) weitgehende Übereinstimmung zwischen WHO und APA Klassifikationen«.[165]

Neben den offensichtlichen Vorteilen dieser operationalisierten Diagnostik als überschaubares terminologisches Gerüst wie etwa bei der nun geordneten Beschreibung von Störungen vor dem Hintergrund ganz unterschiedlicher Hypothesen ihrer möglichen Entstehungen hat sie natürlich auch problematische Aspekte. Vor allem bieten diese Diagnoseschemata keine Antworten auf die weiterhin recht kontrovers diskutierten Fragen nach Ursachen wie Behandlungsmöglichkeiten psychiatrischer Störungen. Daher, so Hoff, sollte die »Psychopathologie als Grundlagenwissenschaft (...) schwerpunktmäßig heuristische wie operationale Zugangsweisen zum (kranken) Fremdseelischen beinhalten können«.[166] Allgemein ausgedrückt werden Methoden oder Verfahrensweisen als ›heuristisch‹ bezeichnet, wenn sie etwas zur Erkenntnisweiterung beitragen, ohne selbst die Sicherheit der gewonnenen Erkenntnisse begründen zu können. Ganz konkret auf das Ziel dieser Arbeit – der Betrachtung der Psychopathologie Mays unter Zuhilfenahme eines lediglich beschreibenden Diagnoseschemas – bezogen, dürfen dabei andere Forschungsansätze natürlich nicht diskreditiert werden, die in einer Vielfalt von oft divergierenden

---

[165] Mombour und Sartorius: Aktueller Stand bei der Entwicklung des Kapitels V der ICD-10, wie Anm. 163, S. 14
[166] Hoff: Historischer Abriß zur Klassifikation und Diagnostik, wie Anm. 164, S. 11

Konzepten eben einen eigenen erkenntnistheoretischen Weg zu diesem Schriftsteller und eine andere Beschreibung seiner psychischen Störungen gefunden haben. Denn wenn ›heuristisch‹ mit ›erfinderisch‹ übersetzt wird, als eine Vorgehensweise, die auch Vermutungen oder unkonventionelle Wege unter dem Motto ›trial and error‹ mit einschließt, so ist Wollschlägers Charakteranalyse Mays ein heuristischer Zugangsweg par excellence, bei dem spekulative Elemente wie die fiktive Mutterschuld legitime Mittel zur Gewinnung neuer Erkenntnisse – hier der narzißtischen Störung – sind.

2.4.2 Praktische Anwendung bei einer Neubewertung

Die Neuorientierung auf eine Nutzung eines operationalen Diagnoseschemas bietet nun auch die Chance, Thesen – denn nur dies kann bei einer postumen Diagnosestellung korrekterweise versucht werden – zu formulieren, die nicht nur einen Lebensabschnitt beleuchten, sondern eine biographisch umfassendere Lösung bieten. Auch hier haben die neueren Klassifikationssysteme, DSM-IV wie ICD-10, die Diagnosestellung erleichtert, indem sie die Präsenz von zwei oder mehreren Erkrankungen bzw. Syndromen beim gleichen Individuum zulassen. Beim DSM-IV ist das System einer multiaxialen Einschätzung entwickelt worden, das es erlaubt, psychische Störungen, allgemeine medizinische Bedingungen, psychosoziale und umweltbedingte Probleme zu integrieren. So werden auf der Achse I klinische Störungen wie z.B. manisch-depressive Störung, auf der Achse II Persönlichkeitsstörungen wie z.B. narzißtische Persönlichkeitsstörung geführt – beide Erkrankungen schließen sich also nicht aus, sondern beschreiben differenzierter den Zustand eines Patienten. In der ICD-10 ist nun das Komorbiditätsprinzip eingeführt worden, die Klassifikation »fordert direkt auf, bei Bedarf dem gleichen Patienten mehrere Diagnosen zuzuschreiben, um eine möglichst naturnahe Deskription zu erreichen«.[167] Dabei wird zwischen einer simultanen und sukzessiven Komorbidität bzw. Assoziation von Erkrankungen und Syndromen unterschieden, so daß auch in verschiedenen Lebensphasen unterschiedliche Morbi bzw. Syndrome beschrieben werden können.

---

[167] Jules Angst: Das Komorbiditätsprinzip in der psychiatrischen Diagnostik. In: Von der ICD-9 zur ICD-10, wie Anm. 155, S. 41

Für die retrospektive Beschreibung der Psychopathologie Mays hat die Anlehnung an ein operationales Diagnostikschema nur Vorteile. Sie muß sich nicht auf ätiologische Spekulationen stützen, vermeidet unergiebige Begriffsdiskussionen wie bei der Definition des Narzißmus und somit einseitige und daher leicht angreifbare Festlegungen und kann mit ihrer Variationsbreite der Komplexität des Menschen May gerechter werden. Vor allem bedeutet der Verzicht auf ätiologische Konstrukte endlich ein Verlassen der von May selbst vorgezeichneten Bahnen, immer wieder nur apologetisch und exkulpatorisch die Person eines der kreativsten und wirkungsgeschichtlich bedeutendsten deutschen Schriftstellers zu betrachten.

Im folgenden sollen zwei Zugangswege zu Mays Psychopathologie untersucht und anhand der Kriterien der ICD-10[168] sowie unter zusätzlicher Zuhilfenahme von Kriterien des DSM-IV[169] überprüft werden, ob May an einer Persönlichkeitsstörung und zusätzlich an einer affektiven Störung litt. Zeit seines Lebens wurde allerdings Karl May – soweit bekannt – nie psychiatrisch exploriert oder behandelt, lediglich aus dem Alter sind ärztliche Atteste bekannt, die zumindest neurologische Erkrankungen, ohne sie beim Namen zu nennen, vermuten lassen.[170] May selbst wehrte sich immer wieder vehement dagegen, als geisteskrank zu gelten, er setzte dem den Begriff ›seelenkrank‹ entgegen. Dies hatte sicher zunächst verfahrenstechnische, juristische Gründe; mit diesem Kunstkniff wollte May einerseits die Verantwortlichkeit seiner Straftaten auf eine schuldlos erlittene ›Seelen‹-krankheit abwälzen, gleichzeitig aber auch nicht als Geisteskranker mit dem Stigma der geistigen Unzurechnungsfähigkeit belastet werden. Das Insistieren auf dieser eher juristischen als medizinischen Differenzierung scheint aber auch eine Unsicherheit Mays auszudrücken, ob nicht doch – auch nach dem damaligen Erkenntnisstand – bei ihm eine Geisteskrankheit vorliegen könne.

---

[168] Weltgesundheitsorganisation: Internationale Klassifikation psychischer Störungen, wie Anm. 107
[169] APA: Diagnostic and Statistical Manual of Mental Disorders, wie Anm. 108
[170] Manfred Hecker: Karl Mays Kuraufenthalte 1907 und 1911. In: M-KMG 44/1980, S. 7-15

Ein Klassifizierungsversuch der Mayschen Psychopathologie nach heute gültigen psychiatrischen Diagnostikschemata kann also nur hypothetischen Charakter haben, wobei aber unter sorgfältiger Interpretation der Quellenlage diese Hypothese an Wahrscheinlichkeitsgehalt gewinnen kann. Zumindest ergibt sich so ein Modell, das wohl mehr als bisherige Pathographien die ganze Spannbreite der Mayschen Psychopathologie umfaßt.

2.5 These einer Persönlichkeitsstörung Mays

Im Kapitel F 60 und 61[171] werden in der ICD-10 spezifische Persönlichkeitsstörungen sowie kombinierte und sonstige Persönlichkeitsstörungen definiert. Der Begriff ›Persönlichkeitsstörung‹ umfaßt dabei die bekannten »älteren Termini wie Psychopathie, abnorme Persönlichkeit, psychopathische Persönlichkeit oder Charakterneurose«[172] und muß von ›Persönlichkeitsänderungen‹ abgegrenzt werden, die im Kapitel F62[173] beschrieben werden und ätiologisch auf eine tiefgreifende, existentiell extreme Erfahrung zurückgeführt werden. Es handelt sich um eine insgesamt heterogene diagnostische Gruppe, der »gegenüber der Mehrheit der betreffenden Bevölkerung deutliche Abweichungen im Wahrnehmen, Denken, Fühlen und in Beziehungen zu anderen«[174] gemeinsam sind; sie »treten häufig erstmals in der Kindheit oder in der Adoleszenz in Erscheinung und manifestieren sich endgültig im Erwachsenenalter«.[175]

2.5.1 Kriterien einer Persönlichkeitsstörung in der ICD-10

Bevor eine spezifische Störung beschrieben werden kann, müssen allgemeine diagnostische Leitlinien für eine Persönlichkeitsstörung erfüllt werden. Diese Zustandsbilder sind nicht auf beträcht-

[171] Weltgesundheitsorganisation: Internationale Klassifikation psychischer Störungen, wie Anm. 107, S. 227-234
[172] Volker Dittmann: Das Konzept der Persönlichkeitsstörungen (F6). In: Von der ICD-9 zur ICD-10, wie Anm. 155, S. 139
[173] Weltgesundheitsorganisation: Internationale Klassifikation psychischer Störungen, wie Anm. 107, S. 234-237
[174] Ebd., S. 234
[175] Ebd., S. 225

liche Hirnschädigungen oder -krankheiten oder auf eine andere psychiatrische Störung zurückzuführen und erfüllen folgende Kriterien:[176]

1. Deutliche Unausgeglichenheit in den Einstellungen und im Verhalten in mehreren Funktionsbereichen wie Affektivität, Antrieb, Impulskontrolle, Wahrnehmen und Denken sowie in den Beziehungen zu anderen.
2. Das auffällige Verhaltensmuster ist andauernd und gleichförmig und nicht auf Episoden psychischer Erkrankungen festgelegt.
3. Das auffällige Verhaltensmuster ist tiefgreifend und in vielen persönlichen und sozialen Situationen eindeutig unpassend.
4. Die Störungen beginnen immer in der Kindheit oder Jugend und manifestieren sich auf Dauer im Erwachsenenalter.
5. Die Störung führt zu deutlichem subjektiven Leiden, manchmal jedoch erst im späteren Verlauf.
6. Die Störung ist meist mit deutlichen Einschränkungen der beruflichen und sozialen Leistungsfähigkeit verbunden.

2.5.2 Kriminalitäts- und Vagantenphase Mays als Ausdruck der Persönlichkeitsstörung

Von allen Vorwürfen und Polemiken, die im Alter gegen May erhoben wurden, waren die Aufdeckung und die – meist überzogene, ja oft sogar haßerfüllte – Interpretation der Straftaten, die er in der Adoleszenz- und frühen Erwachsenenphase begangen hatte, sicherlich die folgenreichsten und zugleich die ungerechtfertigtsten. Nun hat die Mayforschung inzwischen ein recht objektives Bild der Straftaten schildern können; die Interpretation der Beweggründe, die Suche nach den Ursachen dieser jahrelangen Serie von bizarren Taten aber leidet an der ja noch immer widersprüchlichen Deutung des Mayschen Charakters. Selbst Roxin, der am meisten aus juristischer Sicht zur Aufklärung dieser Lebensperiode beigetragen hat, attestiert dem jungen May eine »gleichwohl erhebliche Kriminalität«.[177] Nun kann hier der strafrechtliche Gehalt dieser Verfehlungen nicht erörtert werden; ihr Erschei-

---

[176] Ebd., S. 227
[177] Roxin: Mays Leben, wie Anm. 26, S. 87

nungsbild allerdings ist für die Diagnostik einer Persönlichkeitsstörung von entscheidender Bedeutung.

Als 17jähriger Zögling des Proseminars in Waldenburg geriet May erstmalig mit dem Gesetz in Konflikt; er hatte im November 1859 sechs Talgkerzen entwendet, der Diebstahl wurde entdeckt und dem sächsischen Kultusministerium zum Entscheid vorgelegt. Die Bestrafung fiel hart aus, May wurde aus dem Seminar entfernt, als Begründung wurden seine »arge Lügenhaftigkeit«[178] sowie sein »rüdes Wesen«[179] angeführt. Nach einer Eingabe durfte May indes in Plauen die Ausbildung zum Volksschullehrer fortsetzen, er bestand die Prüfung und trat im Oktober 1861 seinen Dienst an einer Armenschule in Glauchau an. Seine Tätigkeit dort dauerte allerdings nur 12 Tage, er verstrickte sich in eine Liebesaffäre mit der Ehefrau seines Vermieters und wurde nach einem Verhör durch den Superintendenten sowie dem Geständnis, Annäherungen begangen zu haben, »die als ungehörig, ja als unsittlich bezeichnet werden müssen«,[180] aus dem Schuldienst entlassen. Anfang November trat er eine Stelle als Fabriklehrer in Altchemnitz an, doch auch hier war der Friede nur von kurzer Dauer, am 24.12. entwendete er seinem Stubengenossen eine Uhr, eine Pfeife und eine Zigarrenspitze, und wurde – in zwei Instanzen – zu sechs Wochen Gefängnis verurteilt. Der Lehrerberuf war ihm nun für immer verwehrt; die Folgen waren, so Roxin, »lebensentscheidend«.[181]

Der Bagatellcharakter dieser Taten, die fehlende kriminelle Energie, ist offensichtlich, genauso aber auch die Unfähigkeit des jungen May, sich adäquat an die veränderte soziale Situation anzupassen. Selbst in seiner Autobiographie, die nun Beichte und Geständnis darstellen sollte, verniedlicht May noch diese eher harmlosen Taten, ist dabei nicht fähig, eine sachliche Schilderung der Ereignisse zu geben. Wenn also schon der gealterte May hier Schwierigkeiten in der Kognition des Geschehenen hatte, so muß

---

[178] Abschrift aus: Fr.W. Schütze an Gesamtkonsistorium Glauchau. 28.12.1859 (Ministerium für Volksbildung. Bei-Akte 20023-Bl. 5f.). In: Der Seminarist und Lehrer Karl May. Eine Dokumentation der Aktenbestände. Reprint der Karl-May-Gesellschaft. Hamburg 1999, S. 63
[179] Ebd.
[180] Superintendent Otto an Superintendentur Chemnitz. 14.11.1861 (Akte AI 12/4 – Bl. 7-9). In: Ebd., S. 344
[181] Roxin: Mays Leben, wie Anm. 26, S.76

wohl bei dem jungen May das Unvermögen, die Relevanz seines Verhaltens zu erkennen, noch ausgeprägter gewesen sein.

Nun hatten ja diese ersten Abweichungen keinen episodischen Charakter, im Gegenteil, sie bildeten nur ein harmloses Vorspiel für das Kommende. Im Juli 1864 ließ sich May, gerade 23 Jahre alt, als Dr. med. Heilig bei einem Schneider fünf Kleidungsstücke anmessen und verschwand acht Tage später, nach Visitation eines augenkranken jungen Mannes und Erstellung eines Rezeptes, mit diesen Kleidern. Im Dezember trat er als Seminarlehrer Lohse auf, ließ sich in seinem Hotelzimmer Pelze und Pelzkragen zum Kauf vorlegen und entschwand, wiederum ohne zu bezahlen. Im März 1865 erschwindelte er sich unter dem Namen Hermes einen Biberpelz; bei dem Versuch, in einem Leihhaus den Erlös für diesen Pelz abzuholen, wurde er nach einem Handgemenge festgenommen.

Wegen dieser drei Betrugstaten, allesamt Vermögensdelikte, wurde er am 8.6.1865 in Leipzig zu vier Jahren und einem Monat Arbeitshaus verurteilt. Beeindruckend dabei ist nicht der kriminelle Gehalt der Taten an sich – für einen geplanten Diebstahl hätte es wohl auch leichtere und erfolgreichere Methoden gegeben –, sondern die Methodik der Betrugsdelikte. Ihnen fehlte ja die Androhung oder Anwendung von Gewalt, sie lebten von der verbalen Intelligenz des Täters und seiner Überzeugungskraft im Rollenspiel. Sie imponieren als versponnene Inszenierungen, verknüpft mit immer wieder neuen Rollen des Täters, dazu einer demonstrativen Schaustellung der eigenen erhöhten Person, die sich fast spielerisch über die geltenden Gesetzmäßigkeiten – der geschriebenen des Staates als auch der ungeschriebenen einer zweckgerichteten Straftat – hinwegsetzt.

Am 14.6.65 wurde May in das Arbeitshaus Schloß Osterstein in Zwickau eingeliefert, einer Anstalt, die auch das Ziel einer Resozialisierung seiner Inhaftierten hatte. Und dieses Ziel schien bei ihm auch erreicht worden zu sein: ein Teil seiner Strafe wurde May auf Antrag der Direktion erlassen. Während der Haftzeit entstand wohl auch sein Vorhaben, schriftstellerisch tätig zu werden; überliefert ist sein handgeschriebenes ›Repertorium C. May‹, das über 200 Stichworte für geplante Erzählungen sowie einige Werksentwürfe enthält. Am 20.6.1868 verließ May das Arbeitshaus, mit einem Vertrauenszeugnis der Direktion in der Tasche.

zum Kampfe gegen des Lebens Widerstand mit meinen Manuskripten bewaffnet.[182]

Die Phase dieses geplanten Neuanfangs dauerte allerdings nicht lange, Ende März 1869 konfiszierte er als Polizeileutnant von Wolframsdorf bei einem Schneider zehn Taler sowie eine Uhr, die angeblich gefälscht bzw. gestohlen gewesen seien. Mitte April beschlagnahmte er als Mitglied der geheimen Polizei bei einem Seilermeister dreißig wiederum angeblich gefälschte Taler, mußte aber, da von dem Seilermeister und einem Helfer verfolgt, das erschwindelte Geld wieder fortwerfen. Auch die weiteren Taten zeichneten sich nicht durch ihre kriminelle Finesse aus: Ende Mai entwendete er aus einem Restaurant Billardkugeln (die er für fünf Taler verkaufen konnte), wenige Tage später dann stahl er aus einem unverschlossenen Stall ein Pferd – auch hier ohne Fortune, denn beim Verkauf wurde er von dem Eigentümer überrascht und mußte, ohne einen Kreuzer erhalten zu haben, die Flucht ergreifen. Mitte Juni dann trat er als Bote eines Dresdner Advokaten auf, gab bei einer Familie vor, wegen Falschmünzerei eine Hausdurchsuchung durchführen zu müssen, und verschwand mit 28 Talern. Am 2. Juli dann wurde er schlafend in einem Hohensteiner Kegelhaus entdeckt und nach kurzem Kampf – May hatte dabei eine wahrscheinlich ungeladene Pistole gezogen – überwältigt. In seiner Tasche fand man eine selbstangefertigte staatsanwaltliche Fahndungsermächtigung nach Falschgeld. Bei einer Gegenüberstellung mit Opfern seiner Taten konnte er aber drei Wochen später, ganz im Stile seiner späteren Romanhelden, sich seiner Fesseln entledigen und den Bewachern entkommen. Über die nächsten Monate seiner Vagantenzeit liegen kaum Zeugnisse vor, im November immerhin hatte er als Schriftsteller Heichel, dazu natürlicher Sohn des Prinzen von Waldenburg, eine schon von früher her bekannte Frau, Alwine Wadenbach, samt Tochter besucht. In der Nacht vom 3. zum 4.1.1870 wurde er, übernächtigt und erschöpft, in einem böhmischen Ort als ausweisloser Fremder aufgegriffen. Bei seiner Vernehmung nannte er sich Albin Wadenbach, gab an, Sohn eines reichen Plantagenbesitzers aus Martinique zu sein, schrieb gar noch während seiner Arretierung stilistisch elegante Briefe nach Martinique – doch bald wird er mittels eines Steckbriefes als der gesuchte Karl May identifiziert, nach Sachsen ausgeliefert und am 13. Mai als Rückfalltäter aufs Schärfste bestraft: 4 Jahre Zucht-

---

[182] May: Mein Leben und Streben, wie Anm. 2, S. 153

haus warten nun auf ihn. »Die ganze Persönlichkeit des Angeklag-ten«, schrieb Mays Verteidiger, »machte in der Hauptverhandlung den Eindruck eines komischen Menschen, der gewissermaßen aus Übermuth auf der Anklagebank zu sitzen schien (…)«.[183] May mußte die Haftstrafe im Zuchthaus Waldheim verbüßen, und zwar zunächst in der untersten Disziplinarklasse »wegen Verdachts des Entweichens und Neigung zu grobem Unfug, Widersetzlichkeit und Gewaltthaten«.[184]

Für einen ›geborenen Verbrecher‹ fällt auch die Bilanz der zweiten Straftatenserie recht erbärmlich aus, nur 38 Taler erbeutet: selbst für einen Kleinkriminellen ein deprimierendes Resultat verglichen mit dem inszenatorischen Aufwand und dem dabei eingegangenen persönlichen Risiko. Materiellen Schaden hatte May also auf niedrigem Niveau angerichtet, aber er hatte provoziert, war zu einem Outlaw geworden, einem unverbesserlichen Asozialen, und hatte doch letztendlich nur immer wieder sich selbst geschadet. Der eigentliche Gehalt dieser linkischen und operettenhaften Straf-taten ist indes in seinem selbstdestruktiven Charakter noch kaum gewürdigt worden; die von Wollschläger festgestellte »zunehmen-de Hemmungslosigkeit«[185] der Straftaten richtete sich mehr gegen die eigene Person als gegen die Gesellschaft. Und: der soziopathi-sche Gehalt all dieser Taten verblaßt vor ihrer psychopathischen Bedeutung.

May selbst war nie fähig, zu seiner Vergangenheit zu stehen, er leugnete regelmäßig in immer neuen Varianten die persönliche Verantwortung für seine Straftaten ab. Wenn er vorgab, eine ›Beichte‹, so auch der Titel einer kurzen autobiographischen Schrift, abzulegen, so schilderte er nicht etwa seine Straftaten, sondern schob die Verantwortlichkeit von sich weg. *Daß ich ein ›Vorbestrafter‹ bin, werde ich der Welt nicht verschweigen. Ich habe mit ihr abzurechnen, ehe ich sterbe.*[186] Zumindest vorstellbar wäre gewesen, in einer großen Geste die Wahrheit ohne Beschöni-gungen zu enthüllen und so einem großen Teil der Kritik den Wind aus den Segeln nehmen zu können. Daß dies nie geschah – May gestand nur immer gerade das ein, was hieb- und stichfest bewie-

---

[183] zit. nach: Wollschläger: Karl May, wie Anm. 15, S. 33
[184] zit. nach: Roxin: Mays Leben, wie Anm. 26, S. 85f.
[185] Wollschläger: Karl May, wie Anm. 15, S. 29
[186] zit. nach: Lebius: Die Zeugen Karl May und Klara May, wie Anm. 79, S. 7

sen war – ist ein weiterer Mosaikstein aus dem Bild seiner Persönlichkeitsstörung. Einen letzten Beweis dieser Unfähigkeit, über seine Vergangenheit zu berichten, gab May in seiner Autobiographie, in der er eigentlich offen, ehrlich und ohne Zwang beichten wollte, wiederum in einer eigentlich unangemessenen Diktion, selbst: *Es kann mir nicht einfallen, die Missetaten, die mir vorgeworfen werden, hier aufzuzählen. Mein Henker, Schinder und Abdecker zu sein, überlasse ich jener abgrundtiefen Ehrlosigkeit, die mich vor nun zehn Jahren an das Kreuz geschlagen und während dieser ganzen Zeit keinen Augenblick lang aufgehört hat, immer neue Qualen für mich zu ersinnen. Sie mag in diesen Fäkalienstoffen weiterwühlen, zum Entzücken aller jener niedern Lebewesen, denen diese Stoffe Lebensbedingung sind.*[187]

Zumindest auch hier beweist May, daß seine Abweichung von der normalen Kognition sich wie ein roter Faden durchs Leben zog, stabil bis ins Alter blieb und auch noch hier zu einem deutlichen subjektiven Leid führte. Und nicht nur in der Jugendzeit, auch im Alter hatte diese Störung zu einer deutlichen Einschränkung seiner beruflichen und sozialen Leistungsfähigkeit geführt, hatte den Lebensabend überschattet und seinen Gegnern überreichlich Material für Angriffe ober- und unterhalb der Gürtellinie als Grenze zwischen sachlicher und polemischer Kritik geliefert.

Die Autobiographie ist also auch hier, bei der Beschreibung der Vagantenphase, eher ein Tarnkonstrukt als eine aufklärende Hilfestellung; May schildert bunt gemischt akustische wie optische Halluzinationen, dissoziative Störungen, paranoide Erlebnisse und emotional-affektive Krisen, also einen – wie May erstaunt feststellt – ... *Zustand, wie ich ihn noch bei keinem Menschen gesehen und in keinem Buche gelesen hatte.*[188] Psychiatrische Bücher hatte May als Quellen für seine Apologie sicher gelesen und auch benützt, seine Bibliothek war reich an psychologisch-psychiatrischen Werken.[189] Der ersten Hälfte des Satzes von May mag man zustimmen, aber daß der Schriftsteller von solchen Zuständen in keinem Buch gelesen haben will, kann nicht unwidersprochen bleiben. In einer synoptischen Gegenüberstellung von Passagen

[187] May: Mein Leben und Streben, wie Anm. 2, S. 169
[188] Ebd., S. 111
[189] Franz Kandolf, Adalbert Stütz, Max Baumann: Karl Mays Bücherei. In: KM-Jb 1931. Radebeul o. J., S. 212-291

der Autobiographie und dem psychiatrischen Standardwerk von Wilhelm Griesinger[190] hat Plaul[191] zumindest unübersehbare Indizien geliefert, daß May dieses Werk bei der inneren Rekonstruktion seiner Straftatenphase benützt hat. Mays Exemplar, das sich nun im Karl-May-Museum zu Radebeul befindet, ist indessen frei von Annotationen, es finden sich in ihm nur Anstreichungen, »man könnte meinen, daß eine Schreibfeder probiert wurde. Allerdings finden sich diese ›Krakel‹ doch auf einigen relevanten Seiten.«[192] So z.B. bei Beschreibungen von Halluzinationen, die ja May als Hauptmerkmal seiner damaligen ›Seelenkrankheit‹ hinstellte. Zitat Griesinger: »Derjenige, dem falsche Sinnesperceptionen unterschoben werden, dem dadurch das Material seines Vorstellens und Combinierens verfälscht wird, tritt eben damit in eine neue Welt des Scheins und der Lüge ein; (...) er muß der Täuschung folgen, weil sie für ihn sinnliche Überzeugungskraft hat, und nicht nur die aberwitzigsten, tollsten Ideen werden in ihm durch jene geweckt und unterhalten, sondern häufig genug sind auch die gefährlichsten Unthaten Folgen der Hallucinationen. Die Hallucinanten können in jedem Augenblick durch Stimmen oder Visionen zu Gewaltthaten an sich oder Anderen angetrieben werden, z.B. zu Mord in Folge eines gehörten göttlichen Befehls, zu Rachehandlungen für gehörte Schimpfworte etc.«[193] Zitat May: *Es war, als ob ich ... eine ganze Menge unsichtbarer Verbrecherexistenzen mit heimgebracht hätte, die es nun als ihre Aufgabe betrachteten, sich bei mir einzunisten und mich ihnen gleichgesinnt zu machen. Ich sah sie nicht; ... aber sie sprachen auf mich ein; sie beeinflußten mich. ... Die Hauptsache war, daß ich mich rächen sollte, rächen an dem Eigentümer jener Uhr, der mich angezeigt hatte, nur um mich aus seiner Wohnung loszuwerden, rächen an der Polizei, rächen an dem Richter, rächen am Staate, an der Menschheit, überhaupt an jedermann!*[194] Man würde sicher May Unrecht tun, wenn all diese Erlebnisse als retrospektiv erfunden klassifiziert würden; die eine oder andere Störung mag durchaus

---

[190] Wilhelm Griesinger: Die Pathologie und Therapie der psychischen Krankheiten für Aerzte und Studierende. Braunschweig ³1871

[191] May: Mein Leben und Streben, wie Anm. 2, S. 521-529*, Nachwort von Plaul

[192] Persönliche Mitteilung von Hans Grunert, Kustos des Karl-May-Museums, vom 15.11.1999

[193] Griesinger: Die Pathologie und Therapie der psychischen Krankheiten, wie Anm. 190, S. 87

[194] May: Mein Leben und Streben, wie Anm. 2, S. 117f.

vorhanden gewesen sein, aber bei der ansonsten naturgemäß mangelhaften Quellenlage ist ein nachträgliches Entwirren dieser Melange aus Dichtung und Wahrheit unmöglich.

2.5.3 Diskussion einer dissozialen Persönlichkeitsstörung

Wenn also die generelle Feststellung, daß May an einer Persönlichkeitsstörung gelitten hat, diagnostisch wohl recht eindeutig belegbar ist, so ergeben sich bei einer Festlegung auf eine Unterform dieser Diagnose erheblichere Schwierigkeiten. Da zumindest die geschilderte Lebensphase der Vagantenzeit Mays auch Kriterien für das Vorliegen einer dissozialen Persönlichkeitsstörung, F60.2 nach ICD-10, bietet, soll zunächst diese spezifische Störung diskutiert werden. Gekennzeichnet ist die dissoziale Persönlichkeitsstörung durch die Diskrepanz zwischen dem Verhalten und den geltenden sozialen Normen, und zu ihrer Diagnose müssen mindestens drei Kriterien erfüllt sein:[195]

1. Herzloses Unbeteiligtsein gegenüber den Gefühlen anderer.
2. Deutliche und andauernde Verantwortungslosigkeit und Mißachtung sozialer Normen, Regeln und Verpflichtungen.
3. Unvermögen zur Beibehaltung längerfristiger Beziehungen, aber keine Schwierigkeiten, Beziehungen einzugehen.
4. Sehr geringe Frustrationstoleranz und niedrige Schwelle für aggressives, auch gewalttätiges Verhalten.
5. Unfähigkeit zum Erleben von Schuldbewußtsein oder zum Lernen aus Erfahrung, besonders aus Bestrafung.
6. Neigung, andere zu beschuldigen oder vordergründige Rationalisierungen für das eigene Verhalten anzubieten, durch welches die Person in einen Konflikt mit der Gesellschaft geraten ist.

Erfüllt werden ganz sicher für die Zeit des gesamten Lebens die beiden letzten Kriterien, zumindest für die Dauer der Vagantenphase auch sicherlich das zweite. Das dritte Kriterium gilt zumindest für die ersten zwei Drittel seines Lebens; so Wohlgschafts Feststellung: »Aber echte und tiefere Freundschaften blieben dem Schriftsteller für lange Jahre versagt.«[196] Bekannt ist, daß May

---

[195] Weltgesundheitsorganisation: Internationale Klassifikation psychischer Störungen, wie Anm. 107, S. 229
[196] Wohlgschaft: Große Karl May Biographie, wie Anm. 24, S. 230

später viele harmonische und langdauernde Freundschaften pfleg-
te, dies waren aber häufig Bekanntschaften, die über eine räumli-
che Distanz nur funktionierten und ihre Basis in einer oft schwär-
merischen Verehrung Mays hatten. Auch das so wichtige wie
ursprünglich freundschaftliche Verhältnis zu seinem Verleger
Fehsenfeld belastete May – dies sogar in späteren Lebensjahren –
mit oft grundlosen Verdächtigungen und krankhaftem Mißtrauen.
Kritik, selbst unbeabsichtigte, zeugte von der geringen Frustrationstoleranz – Kriterium vier – Mays; als eine Verwandte Mays
einen Brief an den Schriftsteller ohne Nennung des – falschen –
Doktortitels adressierte, war die Kränkung so stark, daß May die
finanzielle Unterstützung einstellte.[197] Bei aller Evidenz einer
häufig niedrigen Frustrationstoleranz ist aber eine niedrige
Schwelle für (vor allem physisch) aggressives Verhalten und Ge-
waltbereitschaft bei May auch im Ansatz nie erkennbar gewesen.
Selbst die beschriebenen kriminellen Delikte entbehrten der physischen Gewalt, sie waren Amtsanmaßungen, Hochstapeleien, Betrügereien – aber nie etwa Raubdelikte. Und auch in seinen wichtigsten literarisierten Größenprojektionen, Old Shatterhand und
Kara Ben Nemsi, hat May weder Brachialgewalt noch Brutalität
ausphantasiert, selbst ihre wundersamen Gewehre müssen weit
häufiger zur Demonstration von Macht oder Überlegenheit herhal-
ten als etwa Bösewichter niedermeucheln.

Nach der Verbüßung seiner Haftstrafe im Zuchthaus Waldheim
kam May nur noch einmal mit dem Gesetz in Konflikt. 1878 hatte
er aus Anlaß des Unfalltodes eines Onkels seiner späteren Frau
Emma Pollmer eigenmächtig Erkundigungen mit dem vagen Hinweis, er sei eine hochgestellte Persönlichkeit, angestellt und wurde
wegen Amtsanmaßung zu drei Wochen Gefängnis verurteilt. Doch
zu diesem Zeitpunkt war May schon schriftstellerisch tätig; kurz
nach der Verbüßung der Strafe taucht in einem Werk erstmalig Old
Shatterhand auf, der in den nächsten Jahrzehnten als moralische
Autorität im rechtsfreien Raum des Wilden Westens seine eigenen
sozialen und rechtlichen Normen setzt, bald ergänzt von Kara Ben
Nemsi, der ungestraft im maroden osmanischen Reich immer
wieder geltendes Recht spielerisch übertritt, es als ebenfalls moralische Instanz nach eigenem Gutdünken interpretiert. Die Mißachtung sozialer Normen, Regeln und Verpflichtungen tobte sich also

---

[197] Gerhard Linkemeyer: Was heute noch möglich ist. Erinnerungen und
Legenden aus Karl Mays Familie. In: M-KMG 66/1985, S. 3-26

nun im Reiche der Phantasie aus, in einem viele tausend Seiten umfassenden und Hunderte von Abenteuern enthaltenden Werk. Und wenn die Kolportageromane miteinbezogen werden, so gab es eine Überfülle von Rollen, in die May nun schlüpfen konnte und ungestraft nach eigenen Gesetzen handeln durfte, weit effektiver und grandioser, als er es in seiner sächsischen Heimat so kläglich versucht hatte.

2.5.4 Diskussion einer narzißtischen Persönlichkeitsstörung

Der Narzißmusbegriff hat in den operationalisierten Diagnoseschemata etwas an Bedeutung verloren, zumindest in den diagnostischen Leitlinien der ICD-10 taucht eine eigene narzißtische Persönlichkeitsstörung nicht auf, sie wird hier dem Abschnitt F60.9,[198] als ›nicht näher bezeichnete Persönlichkeitsstörung‹ zugeordnet. In dem DSM-IV erscheint diese Störung als 301.81 Narcissistic Personality Disorder[199] unter den Persönlichkeitsstörungen und wird wie folgt eingeleitet:»The essential feature of Narcissistic Personality Disorder is a pervasive pattern of grandiosity, need for admiration, and lack of empathy that begins by early childhood and is present in a variety of contexts.«[200] Als diagnostische Kriterien werden neun Merkmale angeführt, von denen fünf (oder mehr) zur Diagnosestellung erfüllt werden müssen. Die gleichen Kriterien, sowohl in ihrer Rangfolge als auch in ihrer Gewichtung, werden jedoch auch im Anhang I zu den Forschungskriterien der ICD-10 als vorläufige Kriterien einer Störung gegeben, deren »klinische und wissenschaftliche Bedeutung bestenfalls als unsicher angesehen werden«[201] kann. Daher kann gut anhand dieser Kriterien die Abklärung einer narzißtischen Persönlichkeitsstörung Mays diskutiert werden, die zu ihrer Diagnosestellung – neben den ja bei May schon festgestellten allgemeinen

[198] Weltgesundheitsorganisation: Internationale Klassifikation psychischer Störungen, wie Anm. 107, S. 233
[199] APA: Diagnostic and Statistical Manual of Mental Disorders, wie Anm. 108, S. 658-661
[200] Ebd., S. 658
[201] Weltgesundheitsorganisation: Internationale Klassifikation psychischer Störungen: ICD-10, Kapitel V(F). Forschungskriterien. Hrsg. von Horst Dilling, Werner Mombour, Martin H. Schmidt und Elisabeth Schulte-Markwort. Bern u.a. ²1994, S. 207

Kriterien einer Persönlichkeitsstörung – ebenfalls fünf der folgenden Merkmale erfüllen muß:

1. Größengefühl in bezug auf die eigene Bedeutung (z.B. die Betroffenen übertreiben ihre Leistungen und Talente, erwarten ohne entsprechende Leistungen als bedeutend angesehen zu werden)
2. Beschäftigung mit Phantasien über unbegrenzten Erfolg, Macht, Scharfsinn, Schönheit oder ideale Liebe
3. Überzeugung, »besonders« und einmalig zu sein und nur von anderen besonderen Menschen oder solchen mit hohem Status (oder von entsprechenden Institutionen) verstanden zu werden oder mit diesen zusammen sein zu können
4. Bedürfnis nach übermäßiger Bewunderung
5. Anspruchshaltung; unbegründete Erwartung besonders günstiger Behandlung oder automatischer Erfüllung der Erwartungen
6. Ausnutzung von zwischenmenschlichen Beziehungen, Vorteilsnahme gegenüber anderen, um eigene Ziele zu erreichen
7. Mangel an Empathie; Ablehnung, Gefühle und Bedürfnisse anderer anzuerkennen oder sich mit ihnen zu identifizieren
8. häufiger Neid auf andere oder Überzeugung, andere seien neidisch auf die Betroffenen
9. arrogante, hochmütige Verhaltensweisen und Attitüden.

In den Kriterien 1-4 können sicherlich – freilich in unterschiedlicher Ausprägung – ohne größere Schwierigkeiten reale Charakterzüge Mays wiedererkannt werden; unbegründete Erwartungshaltung anderen gegenüber, das Ausnutzen (ja Ausbeuten, wie hier der DSM-IV deutlicher spricht) von zwischenmenschlichen Beziehungen, gar Mangel an Empathie, häufiger Neid auf andere und eine arrogante Attitüde können andrerseits aber nun gar nicht als typische Beschreibungen der Psychopathologie Mays gelten. Es scheint, daß ein Schwanken zwischen den Extremen, ein Konglomerat von »seltsamen Doppelgesichtigkeiten«[202] die Verhaltensweisen Mays mehr gekennzeichnet hatte, als ein gleichförmiges, immer wieder in gleichen Mustern verharrendes Charakterbild. So konnte May aufbrausend wie friedliebend sein, bescheiden und großmäulig, hochfahrend wie tolerant, sensibel und egoistisch. Zahlreiche Zeitzeugen schilderten May immer wieder als men-

---

[202] Wollschläger: »Die sogenannte Spaltung des menschlichen Innern«, wie Anm. 33, S. 54

schenfreundlichen, umgänglichen, ja »hinreißend sympathi-
schen«[203] Menschen, der sehr wohl auch zu empathischen Gefühlen fähig war. In einem Text, überschrieben mit ›Mein Glaubens-
bekenntnis‹ und datiert vom 21.12.1906, formulierte er recht pathetisch, aber sicher aufrichtig: *Und ich glaube an das Gute im
Menschen, an die Kraft der Nächstenliebe, an die Verbrüderung
der Nationen, an die Zukunft des Menschengeschlechtes.*[204] Und
doch lieferte May ein Jahr später in dem Manuskript ›Frau Pollmer, eine psychologische Studie‹,[205] einer gnadenlosen Abrechnung mit seiner ersten Frau Emma, den unfreiwilligen Beweis, zu
welcher Herzlosigkeit er auch fähig war, wie sehr er immer wieder
die Schuld auch für eigenes Versagen anderen gab, und dies hier in
höchst rachsüchtiger Manier.

Mögen auch die Hochstaplerrollen des jungen May, auch die vielen literarisierten Größenphantasien und die sich stetig festigende
Überzeugung, eine außerordentliche Rolle im Weltgefüge darzustellen, mit den postulierten Kriterien von Phantasie und Wunsch
über unbegrenzten Erfolg und übermäßiger Bewunderung, von
Größengefühl und Allmacht, die These einer narzißtischen Störung untermauern, so weist doch die maßlose Steigerung dieses
Wunsches nach Größe, vor allem die zunehmende personelle
Identifikation mit den Romanhelden auf eine andere, auf eine
affektive Störung hin. So weist auch der DSM-IV auf diesen Über-
gang in ein anderes Krankheitsbild hin: »sustained periods of
grandiosity may be associated with hypomanic mood.«[206] Auch ist
eine Abgrenzung von anderen Persönlichkeitsstörungen nicht
immer einfach, denn: »Other Personality Disorders may be con-
fused with Narcissistic Personality Disorder because they have
certain features in common.«[207] Jedenfalls sind so viele Beziehungen zwischen narzißtischer und anderen Persönlichkeitsstörungen
beschrieben worden, »daß der Eindruck verstärkt wird, es handle
sich eher um ein diagnoseübergreifendes psychodynamisches
Prinzip als um eine abgrenzbare Persönlichkeitsstörung (...)«.[208]

---

[203] Ebd.

[204] zit. nach: Wohlgschaft: Große Karl May Biographie, wie Anm. 24, S. 674

[205] Karl May: Frau Pollmer, eine psychologische Studie. Prozeß-Schriften Bd.
1. Hrsg. von Roland Schmid. Bamberg 1982

[206] APA: Diagnostic and Statistical Manual of Mental Disorders, wie Anm.
108, S. 660

[207] Ebd.

[208] Tölle: Persönlichkeitsstörungen, wie Anm. 162, S. 170

2.5.5 Differentialdiagnostische Abklärung einer Borderline-Störung

Vor einer abschließenden Beurteilung, ob und wie weit den allgemeinen Kriterien der Persönlichkeitsstörung Mays noch ein spezifischer Untertypus zugeordnet werden kann, sollte differentialdiagnostisch zumindest noch die These einer Borderline-Störung betrachtet werden. Die Borderline-Störung, in der ICD-10 als Borderline-Typus (F60.31)[209] eine Unterform der emotional instabilen Persönlichkeitsstörung (F60.3), ist, neben emotionaler Instabilität, durch eine Störung des eigenen Selbstbildes, der Ziele und der sogenannten ›inneren Präferenzen‹ gekennzeichnet. Das Verhalten dieser Patienten alterniert »zwischen einer zerbrechlichen, verletzbaren, selbstabwertenden klammernden Selbstdarstellung und unberechenbaren, irrationalen Wutausbrüchen«.[210] Die Neigung zu intensiven, aber unbeständigen Beziehungen kann zu wiederholten Krisen führen mit übermäßigen Anstrengungen, nicht verlassen zu werden, und mit Suiziddrohungen und schädlichen Handlungen. Für eine solche explosive Impulsivität gibt es wenig Hinweise im Leben Mays; die spärlichen bekannten Gedanken an einen Suizid sind eher Ausdruck einer depressiven Phase, als daß ihnen ein manipulativer Charakter innewohnte, und Selbstverletzungen sind gar nicht belegt. Dadurch wird natürlich nicht die Diskussion um den Typus einer Borderline-Persönlichkeit bei May endgültig entschieden; am hilfreichsten scheint hier die Bemerkung Tölles zu sein: »Psychodynamisch gesehen finden sich Elemente der Borderline-Konzeption bei verschiedenen Persönlichkeitsstörungen.«[211]

2.5.6 Diskussion einer kombinierten Persönlichkeitsstörung

Formal gesehen erfüllten Mays Verhaltensanomalien häufig Kriterien, die einer dissozialen und dann wieder narzißtischen Störung zuzuordnen wären. Der Versuch allerdings, hier dezidiert eine

---

[209] Weltgesundheitsorganisation: Internationale Klassifikation psychischer Störungen, wie Anm. 107, S. 230
[210] Ch. Rhode-Dachser: Borderlinestörungen. In: Psychiatrie der Gegenwart. Band I: Neurosen, psychosomatische Erkrankungen, Psychotherapie, wie Anm. 162, S. 147
[211] Tölle: Persönlichkeitsstörungen. wie Anm. 162, S. 171

dieser Störungen zu bevorzugen, muß Unbehagen erzeugen, da bei beiden essentielle, ja fast phänotypische Merkmale – wie hohes Aggressions- und Gewaltpotential oder Mangel an Empathie – in Mays Charakterbild nur mit Mühe oder ganz und gar nicht diagnostizierbar sind. Als Lösung für solch ein Dilemma bietet die ICD-10 unter F61.0 die Deskription von kombinierten Persönlichkeitsstörungen an, die also »Merkmale mehrer Störungen des Abschnittes F60, jedoch kein vorherrschendes Symptombild, das eine spezifischere Diagnose erlauben würde«[212] umfaßt. Daher kann die pathographische Zuordnung Mays in die Kategorie der kombinierten Persönlichkeitsstörungen nicht nur als salomonische Lösung eines postumen Diagnoseversuches gelten, sondern befriedigt als wahrscheinlichste aller diskutierten Varianten. Grundsätzlich aber stößt hier eine retrospektive pathographische Diagnostik an ihre methodischen und inhaltlichen Grenzen.

2.6 These einer manisch-depressiven Erkrankung Mays
2.6.1 Definition

»Manic-depressive illness magnifies common human experiences to larger-than-life proportions. Among its symptoms are exaggerations of normal sadness and fatigue, joy and exuberance, sensuality and sexuality, irritability and rage, energy and creativity.«[213] »Expressed through widely disparate temperaments, its symptoms, course, severity, and amendability to treatment differ from individual to individual. (...) Yet manic-depressive illness is among the most consistently identifiable of all mental disorders, and it is one of the oldest, (...) recognized in clinical medicine almost 2,000 years ago«.[214] In der ICD-10 wurden im Kapitel F3 die affektiven Störungen zusammengefaßt, der erste Satz der Einführung weist aber auch gleich auf die Problematik dieser Zusammenfassung, ja der Betrachtung dieser Krankheitsgruppe generell hin: »Die Beziehung zwischen Ätiologie, Symptomatik, zugrundeliegenden biochemischen Prozessen, Ansprechen auf Behandlung und weiterem Verlauf bei affektiven Störungen sind gegenwärtig

---

[212] Weltgesundheitsorganisation: Internationale Klassifikation psychischer Störungen, wie Anm. 107, S. 233

[213] Frederick K. Goodwin und Kay Redfield Jamison: Manic-depressive-illness. New York-Oxford 1990, S. 3

[214] Ebd., S. 13

noch nicht soweit geklärt, daß ihre Klassifikation in einer für alle annehmbaren Weise möglich wäre.«[215] So soll sich die Diskussion um Karl Mays affektive Störung auf die Deskription und Diskussion der beschriebenen Symptome beschränken, ätiologische Überlegungen bleiben unberücksichtigt.

2.6.2 Künstlerische Kreativität und affektive Störung

Die Koinzidenz künstlerisch-kreativer Leistungen und eines außergewöhnlich empfindsamen, den Extremen menschlicher Stimmungen nahestehenden Charakters ist in der abendländischen Geistesgeschichte ein feststehender Topos. Waren für Sokrates und Platon noch die kreativen Kräfte, die künstlerische Verrücktheit, göttliche Gaben und Voraussetzungen für überdurchschnittliche Leistungen – »Wer aber ohne den Rausch der Musen den Pforten der Dichtkunst naht, im Vertrauen, daß er durch sein Können ein zulänglicher Dichter werde, der bleibt selber ungeweiht und vor der Dichtung der Berauschten wird die der Verständigen verdunkelt«,[216] so Sokrates in ›Phaidros‹ – so zentrierte später Aristoteles in dem Werk ›Probleme‹ die Frage nach den Quellen künstlerischer Kreativität auf den melancholischen Charakter: »Warum erweisen sich alle außergewöhnlichen Männer in Philosophie oder Politik oder Dichtung oder in den Künsten als Melancholiker (...)?«[217] Der aristotelische Melancholiker, seine Persönlichkeitsstruktur und die affektive Ausprägung seiner Konstitution basierte aber auf den Erkenntnissen von Theophrastos, der die Frage, warum geniale Menschen Melancholiker seien, auf die Dyskrasie der schwarzen Galle zurückführte. Sein Modell des konstitutionellen Melancholikers hat Müri zusammengefaßt: »Die schwarze Galle, als eine Mischung von warm und kalt, vermag in beiden Richtungen extreme Grade annehmen. Wiegt in ihr das Kalte vor, so zeigen sich beim konstitutionellen Melancholiker Lähmungen, Stumpfheit, Depression; überwiegt das Warme, so stellen sich ein: Ausgelassenheit, Verzücktheit, Labilität, Genialität. Wo die melancholische Anlage gegen Mitte hingemildert ist, tritt das Exzentri-

[215] Weltgesundheitsorganisation: Internationale Klassifikation psychischer Störungen, wie Anm. 107, S. 131
[216] Platon: Phaidros. Übersetzt von Kurt Hildebrandt. Stuttgart 1957, S. 415
[217] Aristoteles: Problemata Physica. Bd. XXX. Übersetzt von Hellmut Flashar. Berlin 1962

sche zurück und gibt die Fähigkeit zu außerordentlichen geistigen Leistungen frei.«[218] Die Schwankungen der Affekte als eine konstitutionelle Einheit, als natürliche Anlage, die schon Theophrastos von dem gewissen Schwanken nach der Seite des Traurigen oder Vergnügten, die jeder Mensch im täglichen Leben erleben kann, abgrenzte, dazu die Fähigkeit zum Außerordentlichen im Falle einer Ausgeglichenheit der melancholischen Konstitution, zeigt unübersehbare Parallelen zu dem heute gültigen Bild einer zyklischen affektiven Störung, die ja auch sorgfältig von den normalen menschlichen zyklischen Gemütsschwankungen abgegrenzt werden muß.

Das Bild des Melancholikers als schöpferischer Charakter, seine Doppelnatur wie auch sein Ingenium, hat Jahrhunderte, Jahrtausende überlebt, auch in dem künstlerischen Selbstverständnis. Eines der wichtigsten wie populärsten Werke Dürers, der Kupferstich ›Die Melancholie‹, zeigt einen beflügelten Genius, der, scheinbar schwermütig gelähmt, aber ausgestattet mit Symbolen der Intelligenz wie Imagination, den höheren Rätseln der Natur nachsinnt. Dürer hatte dem Blatt den rätselhaften Titel ›Melencolia I‹ gegeben – die römische Ziffer Eins kann da gut als Hinweis auf die Rangstufe interpretiert werden, die er der Melancholie unter den bewegenden Kräften des Geistes einräumte.[219]

»We of the craft are all crazy«, bemerkte Byron über sich und seine Dichterkollegen, »some are affected by gaiety, others by melancholy, but all are more or less touched.«[220] Diese Extreme der Schwankungen in einer Person waren auch Goethe nicht fremd, der ausdrücklich bestätigte, »daß seine zyklischen Schwankungen zuweilen pathologische Grade annahmen (…)«[221]

Die ersten systematischen Studien zur Aufhellung der Verbindung künstlerischer Kreativität und affektiver Erkrankungen begannen allerdings erst in den siebziger Jahren dieses Jahrhunderts. Freder-

---

[218] Walter Müri: Melancholie und schwarze Galle. In: Antike Medizin. Hrsg. von Hellmut Flashar. Darmstadt 1971, S. 167

[219] Hartmut Böhme: Albrecht Dürer. Melencolia I. Im Labyrinth der Deutung. Frankfurt am Main 1989

[220] zit. nach: Kay Redfield Jamison: Touched with Fire. Manic-Depressive Illness and the Artistic Temperament. New York u.a. 1994, S. 2

[221] Ernst Kretschmer: Geniale Menschen. Berlin-Göttingen-Heidelberg ⁴1948, S. 87

ick K. Goodwin und Kay Redfield Jamison[222] und erneut Jamison[223] geben einen ausgiebigen Überblick über diese Arbeiten, die deutlich eine Prävalenz von affektiv Gestörten unter kreativen Künstlern zeigen, wobei Dichter die höchste Rate an bipolaren oder depressiven Erkrankungen zeigen. Zusammenfassend resümieren Goodwin und Jamison den Erkenntnisstand und die Problematik dieser Untersuchungen: »There is strong scientific and biographical evidence linking mood disorders to artistic creativity. Biographies of eminent poets, composers, and artists attest to the prevalence of extremes of mood in creative individuals. Systematic studies are increasingly documenting the link. It should be emphasized, however, that many creative writers, artists, and musicians have no significant psychopathology. Conversely, most individuals with manic-depressive illness are not unusually creative.«[224]

Entsprechend umfangreich ist die Liste, die Jamison von Schriftstellern »with probable cyclothymia, major depression, or manic-depressive illness«[225] aufgestellt hat, sie enthält Balzac, Baudelaire, Byron, Conrad, Dickens, Faulkner, Gogol, Gorki, Hemingway, Hesse, Lowry, Melville, Pasternak, Plath, Poe, Puschkin, Stevenson, Strindberg, Tolstoi, Turgenjew, Whitman und Zola; unmöglich, die komplette Aufzählung hier zu wiederholen. Für den deutschen Sprachraum stehen noch zusätzlich Celan, Hölderlin, Kleist, Lenau, Lenz und Trakl.

Bei der Betrachtung dieser illustren Namen stellt sich zunächst unwillkürlich Skepsis ein, ob tatsächlich eine solche massive Häufung von affektiven Störungen unter Schriftstellern möglich ist. Kretschmer hat diese Scheu so formuliert: »Während also mancher geniale Mensch selbst Raserei und Wahnsinn als den höchsten Vorzug des Ausnahmemenschen preist, – steht der Biograph mit erhobenen Händen vor ihm und schützt ihn vor dem Psychiater.«[226] Und so sollte auch in der May-Forschung die These einer affektiven Erkrankung Mays vorurteilsfrei geprüft werden;

---

[222] Goodwin und Jamison: Manic-depressive-illness, wie Anm. 213, S. 322-367
[223] Jamison: Touched with Fire, wie Anm. 220
[224] Goodwin und Jamison: Manic-depressive-illness, wie Anm. 213, S. 366f.
[225] Jamison: Touched with Fire, wie Anm. 220, S. 267-269
[226] Kretschmer: Geniale Menschen, wie Anm. 221, S. 7

sie würde keineswegs seine schriftstellerische Leistung mindern, im Gegenteil, ihn in eine Reihe von weltberühmten literarischen Kollegen stellen, bei denen die Koinzidenz von kreativem Schaffen und affektiver Störung evident geworden ist.

Auch hier, bei dem Versuch einer postumen Diagnosestellung einer affektiven Störung, erhebt sich die Frage, ob eine solches Vorgehen überhaupt erfolgversprechend und wissenschaftlich statthaft ist. Für Jamison ist dieser Weg gangbar: »Biographical diagnoses must ultimately, of course, be more tentative than diagnoses made on living individuals, but they can be done, reliably and responsibly, and with an appreciation of the complexities that go into anyone's life, most especially the life of an artist.«[227]

2.6.3 Hypomanisch-manische Episoden in Mays Leben

In den neunziger Jahren des letzten Jahrhunderts war May im ganzen deutschen Sprachraum eine bekannte, von seiner Leserschaft enthusiastisch gefeierte Person geworden. Waren es zunächst natürlich seine packenden und ungewöhnlich erfolgreichen Reiseromane gewesen, die das Interesse an May geweckt hatten, so steigerte die fast schon singuläre Personalunion von Autor und Abenteuerheld die Popularität Mays ungemein. Nicht nur auf zahlreichen Photos war nun May in den Kostümen und Posen von Kara Ben Nemsi und Old Shatterhand zu bewundern, als optischer Beweis seiner immer wiederholten Behauptung: *Ich bin wirklich Old Shatterhand resp. Kara Ben Nemsi und habe erlebt, was ich erzähle,*[228] auch in zahlreichen Vorträgen berichtete er packend von seinen Taten, steigerte dabei seine Erfolge ins Phantastische – und traf überall auf ein ergebenes, enthusiasmiertes Publikum. Von einem Besuch in Wien im Februar 1898 schrieb die Zeitschrift ›Vaterland‹: »Am Montag (...) begab sich Herr Dr. May in Begleitung des Barons Vittinghoff-Schell zum Faschingsabend des katholischen Handelscasinos, wo er in Gesellschaft seiner Frau Gemahlin längere Zeit in animiertester Stimmung verweilte und alle Anwesenden durch seine witz- und geistsprühende Unterhaltung in gehobene Stimmung versetzte. Selbstverständlich ließen es

---

[227] Jamison: Touched with Fire, wie Anm. 220, S. 59
[228] aus einem Brief vom 15.4.1897; zit. nach: Roxin: »Dr. Karl May. genannt Old Shatterhand«, wie Anm. 8, S. 21

die Versammelten nicht an Ovationen für den Helden des Wilden Westens fehlen (...).«[229]

Schon diese knappen Zeilen, Beschreibung einer euphorisch-geselligen Momentaufnahme, enthalten ungewollt Zeichen eines unzweifelhaft hypomanischen Zustandes. Daher sollen vor weiteren zeitgenössischen Schilderungen zunächst die Kriterien der ICD-10 für die Hypomanie vorangestellt werden:

»Es findet sich eine anhaltende leicht gehobene Stimmung (wenigstens einige Tage hintereinander), gesteigerter Antrieb und Aktivität und gewöhnlich ein auffallendes Gefühl von körperlicher und seelischer Leistungsfähigkeit. Gesteigerte Geselligkeit, Gesprächigkeit, übermäßige Vertraulichkeit, gesteigerte Libido und vermindertes Schlafbedürfnis sind häufig vorhanden, aber nicht in dem Ausmaß, daß sie zu einem Abbruch der Berufstätigkeit oder zu sozialer Ablehnung führen. Reizbarkeit, Selbstüberschätzung und flegelhaftes Verhalten können anstelle der häufigen euphorischen Geselligkeit treten. Konzentration und Aufmerksamkeit können beeinträchtigt sein, und damit auch die Fähigkeit, sich der Arbeit zu widmen, sich zu entspannen und zu erholen. Dies verhindert nicht das Interesse an ganz neuen Unternehmungen und Aktivitäten oder etwas übertriebene Geldausgaben.«[230]

Von Pauline Fehsenfeld, Gattin des Verlegers Friedrich Ernst Fehsenfeld, sind aufschlußreiche Schilderungen über Mays Zustand aus diesen Jahren überliefert. Im Jahr 1893 besuchte das Ehepaar May die Fehsenfelds und schloß sich spontan einer Reise an. »So lange wir noch mit den Gästen in Freiburg waren, ging alles friedlich zu, doch schon auf der Reise war Karl May launisch und reizbar. Frau Emma (...) verstand nicht, ihren Mann zu nehmen, so wie er war, und seine Psyche war ihr vollständig verschlossen. Sie (...) war kleinlich sparsam, er großzügig und verschwenderisch. In Böningen (...) kaufte May viele schöne Ansichtskarten. Darüber machte ihm Frau Emma eine Scene. Er stürmte im Zorn davon, rannte in der Gegend umher und kam erst spät nachts zurück. (...) Wir hatten schöne Zimmer im ersten Stock mit Blick auf den See, für Karl May und Frau, da sie vom Wirt unerwartet kamen, waren

[229] Ebd., S. 15
[230] Weltgesundheitsorganisation: Internationale Klassifikation psychischer Störungen, wie Anm. 107, S. 132

weniger gute Zimmer da. Dieses mag seine Eitelkeit gekränkt und ihn verstimmt haben. War er guter Laune, dann war er der liebenswürdigste, der unterhaltendste, witzige Gesellschafter, so sprach er mit meinem Mann oft nur in Versen (...)«[231]

Die Fähigkeit, konzentriert an den angekündigten Romanen zu arbeiten, war, typisch für eine hypomanische Phase, während dieser Jahre immer wieder gestört. Bei aller verbliebenen Kreativität ist diese Lebensphase gekennzeichnet durch die Ankündigung immer wieder neuer, teils abstruser Projekte wie dem Plan, eine Oper ›Winnetou‹ komponieren zu wollen. Allzu häufig unterbrach May seine Romane, stürzte sich auf neue Themen, neue Romane und kehrte erst nach Monaten, oft nach Jahren zu nicht vollendeten Werken zurück. Und Schlafstörungen, die May im Alter als Symptom seiner depressiven Verstimmung deutete, waren in seinen kreativen und auch hypomanischen Phasen permanent präsent, nun aber Voraussetzung für seine Schaffenskraft oder Kennzeichen seiner außergewöhnlichen, omnipotenten Physis: *Ich arbeite auch jetzt noch wöchentlich 3 Nächte hindurch.*[232]

Ein weitere Beobachtung von Pauline Fehsenfeld vertieft die Beschreibung Mays affektiver Störung:»Wieder einmal kam May nach Freiburg, (...) gleich am ersten Tage landete er in einer Bodega und blieb dort rauchend, trinkend und Skat spielend bis tief in die Nacht. Als der Wirt um 12 Uhr nachts Feierabend ansagte, rief Karl May empört: ›Was Feierabend? Wissen Sie wer ich bin? Ich bin Karl May.‹ Der Wirt (...) sank diesem in die Arme, und gerührt gelobten sich beide ewige Freundschaft. ›Sie bleiben die Nacht bei mir, Sie sind mein Gast‹, sagte der Wirt, und so blieb May drei Tage dort und schlief auf einem Sopha im Hinterstübchen. Zittrig und unsicher erschien Karl May bei uns, die letzten Tage waren nicht spurlos an ihm vorübergegangen.«[233]

Fehsenfeld hatte 1892 mit der Herausgabe der ersten sechs Bände der ›Gesammelten Reiseromane‹ in Kleinoktavformat mit grünem Leinenumschlag und je einem farbigem Deckelbild den Startschuß

---

[231] Ekke W. Guenther: Karl May und sein Verleger Friedrich Ernst Fehsenfeld. In: Jb-KMG 1978. Hamburg 1978, S. 160

[232] zit. nach: Wohlgschaft: Große Karl May Biographie, wie Anm. 24, S. 324

[233] Guenther: Karl May und sein Verleger Friedrich Ernst Fehsenfeld, wie Anm. 231, S. 166f.

für den rasanten bürgerlichen Aufstieg Mays hin zum gefeierten und später angefeindeten Auflagenmillionär, aber auch zu einem Umschwung in der biographischen Selbstdarstellung des Autors gegeben. Ab 1894 berichtete May in Briefen: *Ja, ich habe das Alles und noch viel mehr erlebt. Ich trage noch heute die Narben von den Wunden, die ich erhalten habe. ... Keine der Personen und keines der Ereignisse, welche ich beschreibe, ist erfunden. ... Der gereifte Denker weiß, daß solche Erzählungen, zu denen eine solche Summe von Kenntnissen und Erfahrungen gehört, nicht aus den Rippen zu saugen sind, und wenn die höchsten Geburts- und Geistesaristokraten mir schriftlich und persönlich ihre Anerkennung zollen, so ist es eigentlich lächerlich, daß ich einiger Flachköpfe wegen diesen Brief schreibe.*[234]

Die Jahre 1897 und 1898 bildeten den Höhepunkt dieser kometenhaften Himmelfahrt und das pathographische Material aus dieser Lebensphase ist überreich, fast schon erdrückend in seiner Brisanz und Beweiskraft. Vom 10. Mai bis zum 15. Juli 1897 befand sich May auf einer Vortragsreise durch Deutschland und Österreich, die zu einer grandiosen wie abstrusen Selbstdarstellungsorgie Mays geriet. So berichtete er in München von seiner Henry-Repetierbüchse, die »nach seiner Versicherung 100 Schüsse per Minute abzugeben vermag«, deren Geschosse aber so klein seien, »daß Karl May (...) 1728 Patronen bei sich zu führen vermag«.[235] In Kürze, so May, werde er *vor den deutschen Kaiser treten: »Majestät, wir wollen einmal miteinander schießen.« Ich werde ihm meinen Henrystutzen vorführen. Derselbe wird in der gesamten deutschen Armee eingeführt werden, und kein Volk der Erde wird dann je den Deutschen widerstehen können.*[236] Zunächst aber wolle er »wieder zu den Apatschen zurück und dort könne er 35 000 Mann befehligen an Stelle Winnetous, wenn er hinüber komme«.[237] In Amerika wäre er schon mehr als zwanzigmal gewesen, dort in der Wildnis habe er täglich 10 oder 14 Pfund Fleisch, im rohen Zustande meist, verzehrt, 1200 Sprachen und Dialekte spräche er inzwischen, usw.

---

[234] aus Briefen vom 16.12.1894, vom 3.1.1895 und vom 15.4.1897; zit. nach: Roxin: »Dr. Karl May, genannt Old Shatterhand«, wie Anm. 8, S. 20f.
[235] Ebd., S. 23
[236] Ebd., S. 25
[237] Ebd., S. 22f.

Nicht nur die ungebremsten Grandiositätsphantasien, auch die Gesprächsführung – formale Denkstörungen und Ideenflucht – verrät den manisch gestörten May. Von einer Abendaudienz im Hotel Trefler berichtete ein Zuhörer: »Old Shatterhand hielt mit nichts zurück, sondern erzählte uns von allem Möglichen und zwar im buntesten Wechsel, von einem Gebiet ins andere überspringend, ohne daß es mir gelungen wäre, irgendwelche Associationspunkte zu entdecken, von den intimsten Dingen, die ihm persönlich Seele und Leib berührten, von seiner Brautwerbung, wie von seinen Mahlzeiten, von erlebten Gefahren und Abenteuern (…); hin und wieder eingestreute Zweifelsfragen der Anwesenden wies Old Shatterhand mit überlegener Souveränität zurück oder sprang über auf ein neues interessantes Gebiet.«[238]

Auch im folgenden Jahr ist May auf Reisen und berichtet wie im Taumel, im Rausche des Triumphs seinem Verleger: *Wien. Wollte drei Tage da sein; es wurden fünf Wochen. Audienzen am Kaiserhof, Dejeuners, Diners, Soupers bei Prinzen, Fürsten, Grafen, Marschällen usw. – München. … sämtliche Mitglieder des Königshauses da, alles liest May! – Regensburg. … Honoratioren und Offiziere … – Nur wenige Tage daheim : Drei Grafen von Radetzky, Enkel des Feldmarschalls, Graf Schwerin, Prinzessin Windisch-Grätz usw.*[239] So hielt er am 21.2.1898 eine kurze Rede vor der Leo-Gesellschaft in Wien »mit größter Wirkung. Er erzählte noch unbekannte Szenen aus dem Leben seines indianischen Freundes Winnetou, dessen Todestag zufällig heute war.«[240] Ein Zeitungsbericht fuhr fort: »Begeistert und wahrhaft erhoben stimmte der ganze, dichtgefüllte Saal ein und jubelte dem Redner zu, der noch in die Versammlung rief: ›*Meine Herrschaften! Thun Sie wie ich: Blicken Sie auf zu den Bergen, von denen Hilfe und Heil kommt! Amen!*‹«[241] Wenige Tage später, am 27.2., erkrankt May plötzlich und muß das Bett wegen Überanstrengung hüten,[242] wie er später in einem Brief an Fehsenfeld andeutet; erst am 8.3., so die ›Wiener Reichspost‹, »ist eine Wendung zur Besserung

---

[238] Ebd., S. 24
[239] zit. nach: Maschke: Karl May und Emma Pollmer, wie Anm. 53, S. 82
[240] Roxin: »Dr. Karl May, genannt Old Shatterhand«, wie Anm. 8, S. 26
[241] Vaterland, Wien, 22. Februar 1989; zit. nach: Ebd., S. 27
[242] Siegfried Augustin: Karl May in München. In: Karl-May-Jahrbuch 1978. Bamberg-Braunschweig 1978, S. 77

eingetreten, doch ist noch größte Schonung geboten«.[243] Nun ist es gewiß sehr spekulativ, diesen abrupten Riß, diese unerwartete Erkrankung pathographisch deuten zu wollen, aber doch ähnelt der zeitliche Ablauf – plötzliche Erkrankung in einer hypomanischen Phase – dem drei Jahre später in Padang erfolgten (und nur wie durch einen Zufall von Klara May überlieferten) psychotischen Zusammenbruch samt rascher Rekonvaleszenz innerhalb von ca. 10 Tagen.

Von Wien reiste May – sic! – im Orient-Expreß ein weiteres Mal nach München. Dort berichtete er an drei Abenden in kleinerem Kreise von immer wieder neuen und überraschenden Varianten seines Heldenlebens. Ein Zuhörer, Ernst Abel, hatte am 18.4.1898 unter dem Titel ›Aufzeichnungen und Erinnerungen an Dr. Carl May‹[244] ein Gedächtnisprotokoll dieser Begegnungen angefertigt, die ganz im Stil der bisherigen Phantastereien immer abstrusere Details aus dem Leben Mays offenbarten. So hätte er seine Frau, eine Professorentochter, während eines durch eine Pfeilwunde verursachten Hospitalaufenthaltes kennen- und – da sie eine frappante Ähnlichkeit mit Winnetous Schwester besessen hatte – auch liebengelernt. Sein Körper sei mit zahlreichen Narben bedeckt, wobei einmal ein Grizzlybär ihm »fast die halbe Brust mit seinen Krallen herunterriß, so daß die eine Seite, resp. das Fleisch der einen Seite, nur in lauter Fetzen hing. Diese schnitt May ab und rieb die ganze offene Brust, um das Wundfieber zu verhüten, mit Schießpulver ein.«[245] Den Henrystutzen habe May selbst erfunden, dazu ihn auch persönlich angefertigt. Nach einer Rede über Winnetou erhoben sich die Zuhörer zu einem fünfminütigem Trauerschweigen, »was Old Shatterhand, der hundertmal dem Tode kalt in die Augen sah, so bewegte, daß er die Tränen nicht zurückhalten konnte. Und ›tränenden Auges‹ begann die Rede, die er auf diesen Moment folgen ließ.«[246]

Für die Deutung dieser Lebensphase als langandauerndes hypomanisch-manisches Erleben ist die deutlich überzogene Schilde-

---

[243] zit. nach: Franz Cornaro: Karl May in Wien 1898: Kaiserhof und Fasching. In: Karl May und Österreich: Realität – Fiktion – Rezeption; Bildung und Trivialliteratur. Hrsg. von Wilhelm Brauneder. Husum 1996, S. 69
[244] bei: Augustin: Karl May in München, wie Anm. 242, S. 83-93
[245] Ebd., S. 92
[246] Ebd., S. 88

rung der eigenen Fähigkeiten im Vergleich mit den ohnehin schon singulären Eigenschaften der literarisierten Ich-Projektionen interessant, in ihnen manifestiert sich das Kennzeichen des manischen Wahns, die ›grandiose ability‹ der eigenen Person. Ein bloßer Hochstapler hätte sich vielleicht mit der in der Tat schon überragenden Kenntnis von 10, 20 Sprachen begnügt, Mays Manie übertraf nun eben in krankhafter Weise jegliche Normen des Normalen. Und so wird auch Mays Verhältnis zu seinen Romanhelden verständlich: Waren die Figuren Old Shatterhand und Kara Ben Nemsi zunächst noch verständlicher, »nach außen gebrachter Traum der unterdrückten Kreatur, die großes Leben haben will (...)«,[247] so gaben sie ihm in den hypomanisch-manischen Phasen die Möglichkeit, in eine überaus grandiose Rolle zu schlüpfen, die sich nun den Interpretationsversuchen seiner Biographen entzog.

Gut dokumentiert auch als Beispiel eines deutlich affektiv bestimmten, hypomanischen Verhaltens ist Mays Aufenthalt in dem niedersächsischen Marktflecken Gartow. Mitte April 1898 hielt sich May für gut zwei Wochen in diesem Ort auf, wohl um Material für ein schon früher angekündigtes, freilich nie geschriebenes Lustspiel über den alten Dessauer, einem *echt deutschen, zwerchfellerschütternden Stück*, zu sammeln. Eigentlich bestand Mays Tätigkeit aber darin, allabendlich in Hotels und Gasthäusern von seinen imaginären Abenteuern zu schwadronieren; überzeugend beeindruckte er seine Zuhörerschaft »mit den gröbsten Flunkereien und den tollsten Berichten: von seinen Panther-, Löwen- und Bärenjagden zum Beispiel«.[248]

Und weiter: »In Gartow belohnte er die geringsten Dienstleistungen mit verschwenderischen Trinkgeldern, die zur Sache in keinem Verhältnis standen. So soll er einem Stallknecht im ›Deutschen Haus‹, der ihn auf Befragen nach einem gewissen Örtchen lediglich an den nächsten Dunghaufen beim Schweinestall verwies, in übertriebener Dankbarkeit gleich ein Goldstück – Wert 20 Mark – in die Hand gedrückt haben.«[249] Verständlich, daß dieses ungewöhnliche Auftreten die örtlichen Behörden auf den Plan rief. May wurde – vor allem wegen seiner verschwenderischen Geldga-

[247] Ernst Bloch: Erbschaft dieser Zeit. Frankfurt am Main 1962. S. 172

[248] Wohlgschaft: Große Karl May Biographie, wie Anm. 24. S. 329

[249] Erich Heinemann: Karl May in Gartow. In: Jb-KMG 1971. Hamburg 1971. S. 263

ben im Hotel – von zwei Beamten festgehalten; erst eine aus Radebeul eintreffende telegraphische Bestätigung seiner Identität sowie der Großzügigkeit in Sachen Geld als Persönlichkeitsmerkmal führten zur Freilassung. May selbst schilderte seinem Verleger Fehsenfeld freilich die Affäre ganz anders: *Da ich einmal nach Dessau mußte (der Herzog und die Herzogin sind begeisterte Leser), so benutzte ich das, um gleich weiterzufahren und wegen meines nächst erscheinenden Theaterstückes in Gartow, Lüchow, Lenzen Studien zu machen. Dabei zeichnete ich Wege, den Lauf der Elbe, und wurde, wie schon erwähnt, als franz. Spion arretirt ... Darüber allgemeine Entrüstung in den Blättern.*[250]

Der verschwenderische Umgang mit Geld, sicher häufig schon ein pathognomonisches Zeichen für manisches Verhalten, ist für May gerade in der Phase seiner langandauernden Hypomanie oft und beweiskräftig dokumentiert. So berichtete eine Zeitzeugin, Elisabeth Larson: »Geld hatte für Karl May keinen Wert – außer, damit anderen eine Freude bereiten zu können. Wir rissen die Augen groß auf, wenn Karl May eine Zeche von zwei oder drei Mark bezahlte und dann dem Kellner ein Goldstück als Trinkgeld in die Hand drückte.«[251] Diese Verschwendungssucht war nun nicht zielgerichtet, um etwa spezielle karitative Projekte zu unterstützen, um also kompensatorisch zur ärmlichen Kindheit einen Beitrag zur Linderung der Ungerechtigkeit dieser Welt zu leisten, sondern hatte immer nur einen spontanen, affektiven, unfruchtbaren Charakter, hatte häufiger die Grandiosität des Spenders als die Not des Empfängers im Sinn. Daß dieser übersteigerte Esprit einer grandiosen Selbstdarstellung oft nur schwer als Präsentation einer krankhaften affektiven Störung erkannt wird, ist eine bekannte Crux in der psychiatrischen Literatur: »Leichtere Erkrankungen können während der ganzen Phase dieses hypomanische Bild zeigen. Es ist dann diagnostisch schwer zu erkennen. (...) Leichte manische Phasen werden nicht selten als neurotische oder persönlichkeitsbedingte Störungen fehldiagnostiziert.«[252] Vollends unverständlich muß dann auch für den retrospektiven Betrachter dieser

---

[250] zit. nach ebd., S. 264
[251] Maschke: Karl May und Emma Pollmer, wie Anm. 53, S. 69
[252] H. Kuhs und Rainer Tölle: Symptomatik der affektiven Psychosen (Melancholien und Manien). In: Psychiatrie der Gegenwart. Band 5: Affektive Psychosen. Hrsg. von K.P. Kisker, H. Lauter, J.-E. Meyer, Chr. Müller und E. Strömgren. Berlin u.a. [3]1987, S. 89

hypomanisch-manischen, also eindeutig krankhaften, Lebensphase Mays der Zugang zur Deutung solcher psychopathologischer Phänomene bleiben, wenn der rechte erkenntnistheoretische Schlüssel fehlt; für Wollschläger, einen ansonsten sehr sensibel vorgehenden Biographen, blieb diese Phase, und damit die Erkrankung, eine »geschmacklose Renommisterei«.[253]

Für den außenstehenden Beobachter ist also gerade eine Hypomanie in ihrer pathologischen Relevanz nur schwer erkennbar, der sprühende Witz, der geistige Bewegungsdrang, das virtuose Beherrschen von Gesprächsthemen wie der Zuhörerschaft, die spielerische Handhabung der eigenen Genialität wie Grandiosität und der großzügige Umgang mit materiellen Dingen beeindrucken mehr als sie warnen. Dazu sind sie auch Attribute eines Ausnahmemenschen – als solcher stellte sich May gerne dar und fand damit noch in seiner mythomanischen Selbstdarstellung gläubige Anhänger.

Entgegen der bisherigen Mayforschung, die nach der Orientreise einen gewandelten May beschreibt, blieben diese hypomanischen Züge bis ins Alter erhalten, wenn auch matter und nun deutlich überlagert von depressiven Episoden. Selbst die Personalunion mit seinen Helden gab May trotz aller Lösungsversuche nie auf, in seinem letzten Reiseroman, Winnetou IV, kehrt er als gealterter Old Shatterhand in den Wilden Westen zurück, geläutert und friedlich zwar, aber ohne Zweifel in der Kontinuität seiner früheren imaginären Abenteuer. In einem Brief an den Verleger Pustet vom 31.12.1908 schwadronierte er in altbekannter Weise: *Ich zog mir da drüben eine Verletzung zu, die ich nicht beachtete. Sie wuchs sich aber infolge der ungewöhnlichen Reiseanstrengungen so schnell und gefährlich aus, daß ich, um mein Leben zu retten, mich hier in Dresden kurz vor Weihnacht operiren lassen mußte. Man schnitt mir ein großes Stück Fleisch aus der Brust.*[254] So kehrte auch der alte May immer wieder zurück auf den Pfad der Darstellung seiner eigenen Grandiosität, die aber nun nicht mehr die altbekannten körperlichen Vorzüge in den Vordergrund stellen konnte – May war nun 66 Jahre alt –, sondern auf moralisch-

[253] Wollschläger: »Die sogenannte Spaltung des menschlichen Innern«, wie Anm. 33, S. 54
[254] Karl May: Briefe an Karl Pustet und Otto Denk. Mit einer Einführung von Hans Wollschläger. In: Jb-KMG 1985. Husum 1985, S. 31

ethischem Terrain Überhöhung forderte. Das Karl-May-Problem wurde nun zum Menschheitsproblem überhaupt, und Mays Leiden erhielt einen deutlichen Bezug zur Passion Christi. Seine 1909 selbstverfaßten ›Aphorismen über Karl May‹[255] sind übervoll von diesen neuen, gleichwohl weiter hypomanisch-manischen Gedanken: *Auf die Frage, was Karl May ist, giebt es nur die eine, richtige Antwort: Er ist Völker- und Menschheitspsycholog.*[256] *Der Anwalt ist May. Der Klient ist die Menschheitsfrage.*[257] *Und nun die Hauptsache: Das Ich, in dem Karl May schreibt, das ist nicht er selbst, sondern das ist die Menschheitsfrage!*[258] *Er hat sich derart mit ihr identificiert, daß er sein eigenes, persönliches Leben nur in soweit lebt, als es unbedingt nöthig ist, sonst aber sich nicht mehr als Karl May, sondern nur noch als Menschheitsfrage betrachtet.*[259] *Es ist das in der Literatur aller Völker wohl der erste Fall, daß ein Schriftsteller, noch dazu der vielgelesenste seiner Zeit, sich seines ganzen »Ich« entäußert, um seinen idealen, künstlerischen Gestaltungen die Consistenz des concreten Lebens verleihen zu können.*[260] In einem Brief an die Prinzessin Wiltrud von Bayern, datiert vom 9.8.1902, schrieb May: *May hängt nun schon drei Jahre lang am Kreuze und wird gewiß auch länger als noch drei Jahre hängen müssen. Aber das Kreuzesholz ist das fruchtbarste aller Hölzer, und was am meinigen grünt und blüht, das wird die Zukunft zeigen. ... Früher führte das Kreuz nur zum Tode. Heut wird am Kreuze schon auferstanden.*[261] Der Gedanke, im Theatrum mundi eine außerordentliche, eine Erlöserrolle darstellen zu müssen, war aber bei May schon vor der immer wieder postulierten Krise der Orientreise vorhanden; in dem ersten Band der ›Silberlöwen‹-Tetralogie, zuerst erschienen 1898, also noch bevor in Deutschlands Presse das ›Karl-May-Problem‹ zum Tagesthema wurde, gestand Kara Ben Nemsi: *»Oh, wenn ich könnte, ich würde gern, sehr gern für jeden einzelnen Menschen den Tod erleiden, wenn er dadurch zu der Einsicht käme, daß jedes gesprochene und unter Umständen auch jedes nicht gesprochene*

---

[255] Karl May: Aphorismen über Karl May. In: Jb-KMG 1983. Husum 1983, S. 56-68

[256] Ebd., S. 56

[257] Ebd., S. 61

[258] Ebd., S. 59

[259] Ebd., S. 60

[260] Ebd., S. 63f.

[261] Karl May: Briefe an das bayerische Königshaus. In: Jb-KMG 1983. Husum 1983, S. 83

*Wort dort vor dem Richter mit Centnerschwere in die Wagschale
fallen wird.*«[262] Sicher war der Künstler in der Nachfolge des
leidenden Christus auch ein beliebtes Fin-de-siècle-Motiv, und so
atmete hier Mays Manie eine gehörige Portion Zeitgeist (so wie
auch früher seine exotischen Schauplätze dem Zeitgeist der kolo-
nialen Expansion Tribut gezollt hatten). Aber die symbolistische
Überhöhung der eigenen Person und Taten war nun eben nicht
mehr so simpel angreifbar wie z.B. die manische Behauptung,
1200 Sprachen zu beherrschen: Die ›grandiose ability‹ hatte ihr
Mäntelchen gewechselt, der Inhalt aber blieb.

2.6.4 Depressive Episoden in Mays Leben

Hypomane Episoden können also in Mays Leben ausreichend beschrieben werden; sie benötigen zu ihrer Diagnose als bipolare
affektive Störung die Ergänzung der Depression. Daß depressives
Erleben May nicht fremd war, zeigt schon seine Definition der
Adoleszenz- und Straftatenphase als ›seelische Depression‹. Und
die von Wahnvorstellungen durchsetzte Schilderung Mays jener
Periode erinnert an Piet Kuipers Schilderung der eigenen Depres-
sionsphase, die so sehr von Wahnvorstellungen dominiert war, daß
selbst dem erfahrenen Psychiater eine Diagnose der eigenen Störung nicht möglich war: »Ich war sicher, dement zu sein, und
darüber war ich zutiefst verstört. Wer wäre das nicht? Außerdem
war ich sicher, in der Hölle zu sein. Wer wäre da nicht verzwei-
felt?«[263] Gerade Mays Grandiositätsphase war nicht etwa eine Zeit
nur linear verlaufender Stimmungshochs, sie war immer wieder
schwankend und auch von depressiven Momenten durchsetzt:
»Die Gemütsverfassung des Schriftstellers war, gerade auch in den
neunziger Jahren, überhaupt sehr labil. Hochstimmungen und zeit-
weilige Tiefs störten das innere Gleichgewicht.«[264] In einem Brief,
datiert vom 17.9.1893, schrieb May an Fehsenfeld: *Der Haupt-
grund, daß ich nichts fertig brachte, ist meine gegen früher hoch-
gradig gesteigerte Nervosität ...*, und weiter: *Ich bin in Folge
häuslicher Zerwürfnisse jetzt immer so niedergeschlagen, daß ich*

---

[262] Karl May: Gesammelte Reiseerzählungen Bd. XXVI: Im Reiche des silbernen Löwen I. Freiburg 1898, S. 612
[263] Piet C. Kuiper: Seelenfinsternis. Die Depression eines Psychiaters. Frankfurt am Main 1991, S. 242
[264] Wohlgschaft: Große Karl May Biographie, wie Anm. 24, S. 339

wie oft nach der Wand über meinem Schreibtische sehe, wo der geladene Revolver hängt.[265] Ob nun ausschließlich eheliche Probleme für diese depressive Phase anzuschuldigen waren, kann indes bezweifelt werden. May suchte hier möglicherweise auch nach einer Projektion für die ihm unverständliche Schwankung seines Gemütszustandes.

Gerade bei der Betrachtung einer affektiven Störung ist die Verlaufsbeobachtung, die Sammlung und kritische Einordnung der häufig variierenden Symptome nötig, um letztlich eine gültige und zutreffende Diagnose stellen zu können. So können auch die Ereignisse auf Mays sechzehnmonatiger Orientreise in den Jahren 1899 und 1900 nur in dem Kontext der langandauernden affektiven Erkrankung gedeutet werden, auch um den Preis einer notwendigen Entmythologisierung der angeblichen ›Wiedergeburt‹ des Dichters.

Ein häufig zitierter Beweis dieser Umorientierung ist Mays briefliches Bekenntnis (geschrieben am 16.9.1899) an das Ehepaar Plöhn, er sei nun *jetzt das gerade Gegentheil vom früheren Karl* geworden, der wäre nämlich *mit großer Ceremonie von mir in das rothe Meer versenkt worden, mit Schiffssteinkohlen, die ihn auf den Grund gezogen haben ...*[266] Am nächsten Tage begann er in Aden ein Gedicht mit folgenden Worten:

> *Ich bin so müd, so herbstesschwer*
> *Und möcht am liebsten scheiden gehn.*
> *Die Blätter fallen rings umher;*
> *Wie lange, Herr, soll ich noch stehn?*
> ...

Auf der Rückseite des Manuskriptes schrieb er: *Habe hierbei bitterlich, zum Herzbrechen geweint.*[267]

---

[265] zit. nach: Maschke: Karl May und Emma Pollmer, wie Anm. 53, S. 55, und Wohlgschaft: Große Karl May Biographie, wie Anm. 24, S. 339

[266] Hans Wollschläger und Ekkehard Bartsch: Karl Mays Orientreise 1899/1900 – Dokumentation. In: Jb-KMG 1971. Hamburg 1971, S. 181; auch in: Karl May's Gesammelte Werke Bd. 82: In fernen Zonen. Karl Mays Weltreisen. Bamberg-Radebeul 1999, S. 104

[267] In fernen Zonen, wie Anm. 266, S. 104

In Colombo angekommen, hatte freilich der frühere grandiose Karl sich seines Exils auf dem Grund des Roten Meeres wieder rasch entledigen können, er hatte das *Glück, eine Entdeckung zu machen, welche mir mit einem Schlage Millionen einbringen könnte ..., kurz und gut, es handelt sich um die Entdeckung eines orientalischen Klondyke. ... Ich habe Proben nach Deutschland geschickt, um sie dort fachmännisch prüfen zu lassen* ...[268] Überhaupt hatte – und nicht nur auf dieser Reise – Mays Mitteilungsdrang immer wieder manischen Charakter, es gab Tage, an denen er 50–60 Postkarten schrieb, die Gesamtzahl der Karten allein seiner Orientreise geht so in die Tausende.

Im November 1899 kam es in Padang zu einem psychotischen Ausnahmezustand Mays, den Wollschläger als narzißtischen Zusammenbruch, in der Geistesgeschichte nur noch vergleichbar mit der ›Katastrophe Nietzsches in Turin‹, klassifizierte.[269] Überliefert ist diese Episode von Mays zweiter Frau Klara, ihre Schilderung allerdings läßt vermuten, daß dieser ›Anfall‹ nicht der erste, sicher aber nicht der letzte war: »Auch aus Sumatra schrieb K.M. nach Hause, daß er einen Anfall jener schrecklichen, quälenden Beeinflussung durchgemacht habe, die ihn zu seinen unsinnigen Taten zwang. Er habe 8 Tage gegen diesen Anfall kämpfen müssen und sich in dieser Zeit, wie ihm nachträglich klar wurde und wie ihm sein Diener Hassan sagte, wie ein Irrsinniger benommen. Sein Zwang trieb ihn, alle Nahrung in den Abort zu werfen. Er tat es und hungerte, bis endlich der Normalzustand siegte. (...) Ein zweiter solcher Fall, den ich miterlebte, trat ein in Konstantinopel. K.M. war (...) an einem Ort gewesen, wo zu damaliger Zeit noch im Verborgenen der Mädchenhandel betrieben wurde. Der Ort und die dort verkehrenden Menschen müssen auf K.M. einen derartigen Eindruck gemacht haben, daß er nach dem Besuch in einen derart unnormalen Zustand geriet, der uns so beunruhigte und erschreckte, daß wir befürchteten, ihn einer Irrenanstalt zuzuführen zu müssen.«[270] Substrahiert man aus dieser Schilderung das kausale Erklärungsbedürfnis Klara Mays, so bleibt die Beschreibung einer affektiven Störung mit psychotischen Symptomen. Nun ist

---

[268] zit. nach: Manfred Hecker: Die Entdeckung eines orientalischen Klondyke. In: Jb-KMG 1970. Hamburg 1970, S. 175
[269] Wollschläger: »Die sogenannte Spaltung des menschlichen Innern«, wie Anm. 33, S. 56
[270] Ebd., S. 55f.

die Schilderung Klara Mays nicht hinreichend, um beweiskräftig die Kriterien einer psychotisch akzentuierten Manie zu erfüllen, aber in den Verlauf der Mayschen Pathologie eingeordnet, gewinnt diese Annahme an Wahrscheinlichkeit. In einem kurz vor der psychotischen Krise in Padang geschriebenen Brief, datiert vom 11.11.1899 und an den Verleger Fehsenfeld gerichtet, hatte May schon wieder reichlich Stufen in manische Höhen erklommen: *Gestern bin ich geistig und körperlich frisch und munter hier angekommen, und heut ergreife ich mit dem bekannten Ausdrucke die ebenso bekannte Feder, um Ihnen zu melden, daß ich eine fast unendliche Fülle von Material für neue Bände mit nach Hause bringe ... Und nun noch etwas Hochinteressantes. Haben Sie geahnt, daß die Sunda-Inseln Java, Sumatra und Borneo schon vor meinem jetzigen Besuche im Bilde von mir besucht und durchstrichen worden sind. ... Was sagen Sie dazu? Daß ich auf den Gewässern Hinterindiens, der Sunda-, Celebes- und Banda-See als Lichtspender importirt werde? Es ist doch wahr, was die Gegner ausgesprochen haben: »Karl May ist eine Macht!«*[271]

Zurückgekehrt von der Orientreise fand sich Karl May mit lawinenartig zunehmenden privaten wie öffentlichen Problemen belastet. Als erstes löste er die inzwischen trotz aller Beteuerungen brüchig gewordene Ehe mit Emma May, geborene Pollmer – *Entweder los von dieser Bestie, oder ich sterbe entweder an Gift oder verhungere bei lebendigem Leibe!*[272] notierte May später seinen damaligen Zustand: am 14.1.1903 werden die Eheleute geschieden. Neben all den Angriffen von Lebius war es dann vor allem eine staatsanwaltschaftlich beantragte Hausdurchsuchung vom 9.11.1907, die schwere psychische Folgen bei May verursachte: »Ein Nervenzusammenbruch war die nächste Folge und hinterließ ihn, als er sich langsam wieder zu Kräften sammelte, in einem Zustand, den man wohl am exaktesten als eine Angstpsychose, eine paranoide Verwirrung bezeichnen muß.«[273]

---

[271] Ekkehard Bartsch und Hans Wollschläger: Karl Mays Orientreise 1899/1900. In: In fernen Zonen, wie Anm. 266, S. 129f.

[272] Karl May: Frau Pollmer, eine psychologische Studie, wie Anm. 205, S. 194 der Handschrift (dort unterstrichen)

[273] Heinz Stolte: »Frau Pollmer – eine psychologische Studie« Dokument aus dem Leben eines Gemarterten. In: Jb-KMG 1984. Husum 1984, S. 14

Die zahlreich überlieferten depressiven Momente des letzten Lebensjahrzehnts waren also sicher auch reaktiv durch die zermürbenden, ja die Schriftstellerexistenz bedrohenden prozessualen und öffentlichen Auseinandersetzungen bedingt. Zu ihnen aber hatte auch unabänderlich, quasi einer antiken Tragödie gleich seine eigene Psychopathie beigetragen. Nun, ob eher reaktiv oder doch im Sinne einer bipolaren Affektstörung begründet, im Schlußkapitel seiner Autobiographie gab May eine gültige Schilderung einer schweren depressiven Episode: *Seit einem Jahre ist mir der natürliche Schlaf versagt. Will ich einmal einige Stunden ruhen, so muß ich zu künstlichen Mitteln, zu Schlafpulvern greifen, die nur betäuben, nicht aber unschädlich wirken. Auch essen kann ich nicht. Täglich nur einige Bissen, zu denen meine arme, gute Frau mich zwingt. Dafür aber Schmerzen, unaufhörliche, fürchterliche Nervenschmerzen, die des Nachts mich emporzerren und am Tage mir die Feder hundertmal aus der Hand reißen! Mir ist, als müsse ich ohne Unterlaß brüllen, um Hilfe schreien. Ich kann nicht liegen, nicht sitzen, nicht gehen und nicht stehen, und doch muß ich das alles. Ich möchte am liebsten sterben, sterben, sterben ...*[274]

2.6.5 Diskussion einer affektiven Störung Mays

Je nach Schweregrad wird die Manie bzw. die manische Episode in die Hypomanie, die Manie ohne psychotische Symptome und die Manie mit psychotischen Symptomen eingeteilt. Vor allem die beiden letzteren Formen sind mit einer situationsinadäquaten Stimmungslage, mit einem Verlust sozialer Hemmungen, dann auch mit Größenideen oder religiösen Wahnvorstellungen, die eigene Identität oder Rolle betreffend, charakterisiert.[275] Elemente dieser Störungen lassen sich wohl ansatzweise bei May beschreiben, indessen war der Schweregrad dieser affektiven Erkrankung nie so evident, daß eine psychiatrische, gar psychiatrisch-stationäre Behandlung erforderlich wurde. Die andrerseits dokumentierten Krankheitsphasen oder Kuraufenthalte wegen ›Überarbeitung‹ oder ›nervöser Erschöpfung‹ können – mangels präziser Überlieferung – nur spekulativ in die Pathographie Mays einge-

[274] May: Mein Leben und Streben, wie Anm. 2, S. 299f.
[275] Weltgesundheitsorganisation: Internationale Klassifikation psychischer Störungen, wie Anm. 107, S. 133f.

ordnet werden, sind aber doch ein Indikator, daß zumindest die psychische Verfassung Mays zeitweilig die Grenzen psychotoider Ausnahmezustände erreichte. Jedenfalls, hypomane Zustände können, bei aller Scheu vor weitreichenderen Diagnosen, dem Schriftsteller attestiert werden.

Biographisch schwieriger indessen ist der Nachweis einer bipolaren affektiven Störung zu führen, da bei allen oben beschriebenen klassischen Symptomen einer Hypomanie der zeitliche Zusammenhang dieser hypomanen Episoden mit depressiven Störungen an Hand der überlieferten Quellen nur andeutungsweise herstellbar ist. Hier bietet sich aber modellhaft der Verlauf von Mays Orientreise an, bei der das Schwanken von entgegengesetzten Stimmungen chronologisch dokumentiert ist. Die auf dieser Reise auch aufgetretenen psychotischen Ausnahmezustände können auf Grund ihrer mangelhaften Deskription diagnostisch nicht recht eingeordnet oder verwertet werden; immerhin brachten sie nach Angaben Klara Mays den Schriftsteller an den Rand einer notwendigen psychiatrisch-stationären Intervention. Aber auch ohne Einordnung dieser psychotischen Krisen bleibt hier eine Periode von deutlichen Stimmungsschwankungen, die zumindest von leichter Depression bis gehobener, ja hypomaner Stimmung reichten und so als Beschreibung einer bipolaren Störung gelten kann. Differentialdiagnostisch ist hier auch als mildere Variante einer bipolaren Störung die Zyklothymia (F34.0) anzuführen, deren wesentlichstes Kennzeichen eine anhaltende Stimmungslabilität ist, die aber in der Regel eher einen chronischen, anhaltenden Verlauf zeigt, wenn auch die Stimmung gelegentlich normal und monatelang stabil ist.

2.6.6 Familienanamnestische Aspekte der affektiven Störung

Die Ignorierung ätiologischer Konzepte der affektiven Störungen in der ICD-10 schließt natürlich gerade eine familiäre Belastung für das Auftreten einer solchen Störung nicht aus, im Gegenteil: »Gesichert scheint eine Beziehung zwischen positiver Familienanamnese und Morbiditätsrisiko für bipolare Erkrankungen.«[276] Es lohnt sich daher, einen letzten Blick auch auf die Familienanamnese Mays zu werfen.

Die bereits erwähnte Behauptung, Mays Mutter hätte an einer Depression gelitten, ist zu wenig gesichert, zu spekulativ, um hier mit Beweiskraft aufgeführt zu werden. Das Bild des Vaters wurde allerdings von May in seiner Autobiographie deutlich akzentreicher und konturierter entworfen, als eines labilen Menschen mit *zwei Seelen. Die eine Seele war unendlich weich, die andere tyrannisch ...*[277] Heinrich August May war aufbrausend, ungeduldig, jähzornig und unberechenbar, aber auch phantasievoll, gutherzig und voller Zuneigung zu seinen Kindern; mit dem Gesetz in Konflikt – wie später sein Sohn – kam er allerdings nach den vorliegenden Dokumenten nie. Ohne Zweifel sind viele Charakterzüge des Vaters auch im Sohne wiedererstanden, eine affektive Störung im Sinne einer manisch-depressiven Erkrankung kann ihm allerdings auch bei großzügiger Auslegung der überlieferten Symptome nicht attestiert werden.

Über die leiblichen Vorfahren des unehelich geborenen Vaters sind keine Informationen bekannt. Der Vater der Mutter, Christian Friedrich Weise, nahm sich 1832 das Leben, »als Ursache nennt das Totenbuch ›Trunkenheit u. Verzweiflung‹«.[278] Die hohe Suizidalität depressiver Patienten ist gesichert;[279] entsprechend hoch ist aber auch die Rate von manisch-depressiv Erkrankten an der allgemeinen Suizidrate. Die von Goodwin und Jamison zitierten Arbeiten zeigen, daß ungefähr jeder zweite Selbstmord von einem affektiv Erkrankten verübt wird.[280] So ist zumindest eine genetische Belastung Karl Mays für eine affektive Erkrankung nicht unwahrscheinlich.

---

[276] Jules Angst: Epidemiologie der affektiven Psychosen. In: Psychiatrie der Gegenwart, wie Anm. 252, S. 61
[277] May: Mein Leben und Streben, wie Anm. 2, S. 9
[278] Plaul: Der Sohn des Webers, wie Anm. 16, S. 25
[279] Jules Angst: Verlauf der affektiven Psychosen. In: Psychiatrie der Gegenwart, wie Anm. 252, S. 122-127
[280] Goodwin und Jamison: Manic-depressive-illness, wie Anm. 213, S. 227-244

2.7 Zusammenfassung der Neubewertung der Psychopathologie Mays

»Beim augenblicklichen Stand unseres Wissens lassen sich psychiatrisch zuverlässige, wissenschaftlich gesicherte Aussagen noch nicht geben.«[281] Diese Aussage Roxins sollte also in ihrem Kern modifiziert werden. Auch retrospektiv muß May eine Persönlichkeitsstörung attestiert werden, die sicher für die Adoleszenz und das frühe Erwachsenenalter sowohl Kriterien einer dissozialen wie auch narzißtischen und damit kombinierten Persönlichkeitsstörung erfüllt, aber auch in vielen Merkmalen bis ins hohe Alter nachweisbar ist. Zusätzlich lassen sich auch hinreichende Indizien anführen, die die These einer affektiven Erkrankung Karl Mays mit einem hohen Grad an Wahrscheinlichkeit ausstatten. Diese affektive Störung war vor allem durch anhaltende hypomanische Episoden geprägt, besaß aber auch phasenweise einen erkennbaren bipolaren Charakter. Schwerere depressive Episoden sind biographisch nicht eindeutig überliefert, die bekannteren depressiven Episoden des Seniums weisen auch reaktive Elemente auf.

---

[281] Claus Roxin: Vorläufige Bemerkungen zu den Straftaten Karl Mays, wie Anm. 93, S. 100

3. Der heilende Held – der kranke Held

Die Medizin in Karl Mays Orientzyklus

3.1 Bisherige Forschungen

Hatte nach dem Tode Mays also die May-Forschung lange Zeit eher das Ziel, den Autor zu rehabilitieren oder auch seinen Lebensweg, wenn es sein mußte, zu verklären, so blieben lange Zeit andere, zeit- wie literaturgeschichtliche Ansätze unbeachtet. Auch die Karl-May-Jahrbücher der zwanziger Jahre, »ein Periodikum, das sich als Forum für eine intensive (insbesondere: biographische) Erforschung des Autors anbot«,[282] hatten primär das Ziel, May zu exkulpieren und zu popularisieren; selbst wenn unbekannte Dokumente veröffentlicht oder ungewöhnliche Aspekte angedacht wurden, war deren Ertrag gering. So beschränkte sich der erste Beitrag überhaupt, in dem Mays Name mit einer ärztlichen Tätigkeit in Verbindung gebracht wurde, auf ein alltägliches, dennoch immer wieder Selbstbeherrschung forderndes Abenteuer: ›Wie mir Karl May über die Schrecken des Zahnziehens hinweghalf‹.[283]

Das letzte Karl-May-Jahrbuch erschien 1935; der Herausgeber und gleichzeitige Geschäftsführer des Karl-May-Verlages, Euchar A. Schmid, vermied so geschickt eine naziideologiekonforme May-Forschung. So blieb auch die erste Arbeit, die ernsthaft die medizinischen Aspekte in Mays Werk untersuchte und dem Verlag zur Veröffentlichung angeboten wurde, bis heute unveröffentlicht. Die »überraschende Vertrautheit des Schriftstellers mit medizinischen Belangen«[284] war für Ludwig Patsch Anlaß, kursorisch solche Beispiele für Mays medizinisches Wissen aus dem Gesamtwerk darzustellen. Die Fülle dieser medizinischen Episoden, in denen präzises medizinisches Vokabular neben volksheilkundlichen,

---

[282] Jürgen Wehnert: Der Karl-May-Verlag. In: Karl-May-Handbuch, wie Anm. 6, S. 681

[283] Kurt Klebel: Wie mir Karl May über die Schrecken des Zahnziehens hinweghalf. In: KM-Jb1929. Radebeul 1929, S. 497f.

[284] Ludwig Patsch: Dr. med. Karl May – Beiträge zur Karl-May-Forschung III. Wien 1939. Unveröffentlichtes Manuskript aus dem Archiv des Karl-May-Verlags Bamberg, S. 1

bisweilen obskuren Heilmethoden bunt gemischt sind, erklärt Patsch, da »dies Wissen nicht bloß angelesen ist«,[285] aus dem Kindheitsmilieu des Autors und dem daraus entstandenen, freilich unerfüllt gebliebenen Wunsch, Arzt zu werden. »Hält man sich vor Augen, daß beide Eltern Mays« – die Mutter als Hebamme und der Vater als Kräutersammler – »mit ihren Kenntnissen helfend tätig waren, daß mancher schwierige Fall in der Familie besprochen, manch rasche Hilfe gefordert und geleistet wurde, der Sohn bei der Pflanzensuche und beim Pflasterbereiten dabei war, dann dürfte es niemand wundern, daß die Eltern ihren einzigen Sohn gern als Arzt gesehen hätten«.[286] Eine kritische Auseinandersetzung mit den von May geschilderten medizinischen Praktiken konnte nun nicht Ziel des Verfassers sein, seine Absicht war es, »einem nicht erfüllten Streben aus des Dichters Jugend nachzugehen. Wäre alles so gekommen, wie es seinerzeit gewollt, gewünscht und unter Tränen erfleht wurde, dann wäre May wohl ein tüchtiger Arzt im Erzgebirge, vielleicht mit einer kräftigen poetischen Ader, geworden (...).«[287]

Gänzlich ohne biographische Spekulationen dagegen durchleuchtet die Arbeit von Hans Höss, die erste Arbeit übrigens, die von ärztlicher, also medizinisch kompetenter Seite verfaßt wurde, die medizinischen Episoden des Orientzyklus auf ihren wissenschaftlichen Gehalt hin.[288] Sein Protagonist, Kara Ben Nemsi, »mußte ein Arzt, ein Hekim sein«,[289] da von ihm als reisender Europäer erwartet wurde, zumindest »den Extrakt jeder Wissenschaft«[290] in sich zu tragen, um so auch Menschen bei Krankheiten und Verletzungen helfen zu können: »Seine Hilfsbereitschaft läßt es ihn gern, und sein Wissen geschickt und mit Umsicht tun.«[291] Höss kommentiert die einzelnen medizinischen Episoden mit medizinhistorischen Exkursen, sieht dabei May »durchaus auf der Höhe der damaligen Zeit«,[292] ohne aber Unstimmigkeiten in den May-

---

[285] Ebd.

[286] Ebd., S. 5

[287] Ebd., S. 16

[288] Hans Höss: Kara Ben Nemsi als Hekim. In: Vom Lederstrumpf zum Winnetou. Hrsg. von Siegfried Augustin und Axel Mittelstaedt. München 1981. S. 81-94

[289] Ebd., S. 82

[290] Ebd.

[291] Ebd., S. 94

[292] Ebd.

schen Schilderungen zu übergehen. So findet der Chirurg Höss zu Recht die Behandlung einer Sprunggelenksverrenkung des Helden zwar methodisch korrekt, in seiner Zeitdauer aber »reichlich kurz«.[293]

1972 erschien die erste und bisher einzige medizinische Dissertation über Karl May, die sich in ihrem Hauptteil mit der Absicht, Mays »Wissen in der Medizin, der Kräuterheilkunde und der Volksmedizin«[294] zu untersuchen, auf den geographischen Raum Amerika beschränkte und dabei kompilatorisch alle medizinischen Details, 270 an der Zahl, zusammenträgt. Als Quellen fungierten dabei allerdings nicht die Mayschen Originaltexte, sondern 31 Bände der im Karl-May-Verlag Bamberg erschienenen Reihe der Gesammelten Werke, die, wie Asbach zwar richtig bemerkte, vom Verlag in wechselndem Ausmaß überarbeitet wurden, dabei aber doch entgegen seiner Annahme, vor allem im Waldröschenzyklus, bei manchen medizinischen Details Änderungen erfuhren.[295] In der pathographischen Diskussion der Person Mays übernimmt Asbach die autobiographische Schilderung der frühkindlichen Erblindung, kann aber, da May es versäumt hatte, »seine Augenkrankheit zu diagnostizieren«,[296] nur die Hypothese einer postnatalen Cataracta zonularis aufstellen. Theoretisch ebenfalls mögliche entzündliche Augenerkrankungen werden nicht erwähnt. Die Beschäftigung mit der Psychodiagnostik Mays fällt noch knapper aus, hier übernimmt Asbach lapidar und unhinterfragt den von Stolte und Roxin eingebrachten Terminus der Pseudologia phantastica – selbst dies in oberflächlicher Definition: »Alle Charakterzüge eines Pseudologen wie Eitelkeit, Wichtigtuerei und Angeberei finden wir bei May in ausgeprägter Form.«[297] Als Resümee der kritischen Durchsicht der Medizin in Mays Amerika-Bänden kommt Asbach zum Schluß, »daß Karl May ein wirkliches Faible für medizinische Dinge besaß, während auf der anderen Seite seine medizinischen Kenntnisse teilweise als dilettantisch anzusehen sind«.[298] Die Verwunderung des Autors, »auf Grund seiner Bibliothek müßte sein Wissen auch auf diesem Gebiet größer ge-

---

[293] Ebd.

[294] Asbach: Die Medizin in Karl Mays Amerika-Bänden, wie Anm. 46 , S. 2

[295] Patsch: Dr. med. Karl May, wie Anm. 284

[296] Asbach: Die Medizin in Karl Mays Amerika-Bänden, wie Anm. 46, S. 13

[297] Ebd., S. 16

[298] Ebd., S. 77

wesen sein«,[299] kann nun aber gar nicht geteilt werden, da May erst als wohlhabend gewordener Schriftsteller seine heute überlieferte Bibliothek erwarb – da waren die von Asbach untersuchten Werke zum größten Teil schon lange veröffentlicht.

Asbachs Dissertation diente Helmut Krumbach für Veröffentlichungen in medizinischen Zeitschriften, die unter den Überschriften ›Dr. med. Karl May‹[300] und ›Karl May und sein medizinisches Wissen‹[301] keine originären Einsichten liefern wollten und nur die Ergebnisse der Asbachschen Arbeit wiedergaben: »Der unerfüllte Wunsch Karl Mays, Arzt zu werden, spiegelt sich in vielen Werken wider. (…) Meist haben die Romanfiguren spektakuläre ärztliche Erfolge, die ihrerseits – mit gebotener Vorsicht – auf Eitelkeit und überschießende Phantasie des Pseudologen May schließen lassen.«[302] Für die May-Forschung blieb die Dissertation allerdings von höchstens marginaler Bedeutung. Hatte Stolte die Arbeit bei ihrem Erscheinen noch freundlich begrüßt – »Als Beitrag zum biographischen Gesamtbild Karl Mays und insbesondere zur Kenntnis seiner schriftstellerischen Technik erschließt uns diese Dissertation zweifellos einen auch literaturwissenschaftlich ergiebigen Aspekt«[303] –, so bezeichnete sie Schmiedt später in einem Überblick über die Rezeptionsgeschichte Mays recht kritisch lediglich als »Kuriosum«.[304]

Damit war auch die Beschäftigung aus medizinhistorischer Sicht mit den Aspekten Medizin bzw. Krankheit in Mays Werk für längere Zeit beendet; im folgenden übernahmen Arbeiten von führenden Mitgliedern der Karl-May-Gesellschaft zu biographischen, philologischen, literaturwissenschaftlichen Problemen die Meinungsbildung in der Mayforschung. Die grundlegenden Studien von Stolte, Roxin und Wollschläger hatten sozusagen den Rahmen gesetzt, in dem sich die weitere Diskussion bewegte; dies schloß nun auch die Möglichkeit, psychologisierende Ansätze beliebig einzusetzen, mit ein. So kam Martin Lowsky in seinem Deutungs-

---

[299] Ebd.

[300] Helmut Krumbach: »Dr. med. Karl May«. In: Selecta 15/1974, S. 1458-1464

[301] Helmut Krumbach: Karl May und sein medizinisches Wissen. Materia Medica Nordmark 26/1974, S. 328-336

[302] Krumbach: »Dr. med. Karl May«, wie Anm. 300, S. 1548

[303] Heinz Stolte: Literaturbericht. In: Jb-KMG 1974. Hamburg 1973, S. 244

[304] Schmiedt: Kritik und Rezeption Karl Mays, wie Anm. 75, S. 629

versuch des Motivs der Krankheit in Karl Mays Werk zu dem Schluß, die Pesterkrankung »Kara Ben Nemsis soll die Krise des unreifen, seelisch sich auf einer jugendlichen Stufe befindenden Menschen darstellen, der die Nichtigkeit seiner Gedankenwelt eingesehen hat und nun nach einem erfüllten und gesellschaftlich nutzbringenden Dasein sucht«.[305] In einer höheren Allegoriestufe ist gar bei May mit der Krankheit, der »Krise des Helden eine Krise der Menschheit in ihrem gegenwärtigen Entwicklungsstadium gemeint«.[306] Im Alterswerk, bei der Schilderung der Typhuserkrankung Kara Ben Nemsis, erhält das Krankheitsmotiv eine neue, literaturgeschichtlich relevante Bedeutung, sie sei ein Bild für die Schwierigkeiten des Autors, »den siegreich geplanten Roman (...) zu einem guten Ende zu bringen«, und damit der Verlauf der Krankheit der »Roman einer Romanentstehung«.[307]

Ausgiebiger und differenzierter beschäftigte sich Gert Ueding mit einer Deutung der mannigfaltigen Arztrollen und Krankheitsepisoden im Werk Mays.[308] Daß deren Gehalt über eine bloße narrative Bedeutung hinausreicht, ja eine zentrale Bewährungsprobe des Mayschen Helden darstellt, ist quasi Ausgangspunkt seiner Überlegungen: »Der Retter als Arzt, der die Schmerzen dieser Welt heilt, selbst Tote, oder doch wenigstens Scheintote zum Leben erweckt und am Schluß die gerechte Ordnung wiederherstellt, dieses Schema (...) findet man in den meisten, auch den späteren Reise- und Abenteuerromanen Karl Mays.«[309] Ob aber etwa die Arztrolle in den Kolportageromanen sich von den Episoden aus den Reiseerzählungen unterscheidet und z.B. integraler Bestandteil von Kolportageliteratur war – wie auch heute der Komplex Arzt und Krankheit z.B. anspruchslose Fernsehunterhaltungsserien dominiert –, hinterfragte Ueding nicht. Er folgt der von May gelegten Fährte, der im Alter bei der Auseinandersetzung um den sittlichen Wert seines Werkes seinen früheren Erzählungen quasi retrospektiv einen überhöhten allegorischen Gehalt überstülpte, und hebt drei Aspekte, »unter denen Arzt-Imago und medizinische

[305] Martin Lowsky: Der kranke Effendi – Über das Motiv der Krankheit in Karl Mays Werk. In: Jb-KMG 1980. Hamburg 1980, S. 88
[306] Ebd., S. 89
[307] Ebd., S. 93
[308] Gert Ueding: Die langandauernde Krankheit des Lebens. In: Jb-KMG 1986. Husum 1986, S. 50-68
[309] Ebd., S. 53

Weltanschauung in Karl Mays Werken aufgenommen werden«,[310] dazu als dritten, integralen Bestandteil das Heilmittel, hervor. Die Helden – und es sind ausnahmslos Ich-Spiegelungen Mays, oder besser: erträumte Identifikationen – Sternau, Old Shatterhand oder Kara Ben Nemsi »zehren ganz offensichtlich und eingestandenermaßen von der Aura des gottähnlichen Heilandes, der sich als Auserwählter durch seine Taten und Wunder ausweist«.[311] Weiter, bezugnehmend auf die – von Ueding jedoch medizinhistorisch mißverstandene – »romantische Lebensphilosophie mit ihrer Wiederaufnahme paracelsischer Ideen«,[312] die Krankheit wie Verbrechen, Sünde wie Schmerz als Störung der göttlichen Harmonie betrachte, verwandeln sich die Mayschen Helden in »Detektiv und Heilkünstler, Abenteurer und Arzt, denn in all diesen verschiedenen Funktionen verfolgen sie doch nur den einen Zweck, den Umschlag der unheilen in die heile Welt«.[313] Und schließlich faßte May laut Ueding seine literarische Wirksamkeit »als eine Art moralisch-medizinische Kuranstalt auf, als medicinia mentis«,[314] als ein Lebenselixier, das dem Leser Wunscherfüllungstraum geben sollte, so wie das Schreiben ihm Kompensation und phantastisches Durchspielen eigener, nicht beherrschbarer Konflikte, und damit: Krankheiten, wurde. Dieser fast schon teleologische Ansatz, der dem eigentlich uneinheitlichen Gesamtwerk Mays einen einheitlichen, autotherapeutischen Effekt unterstellt, verhindert aber eine Frage: Hat das Schreiben wirklich May von seiner Krankheit geheilt, oder hat eine Krankheit dieses Schreiben erst ermöglicht? Wie auch immer diese Frage entschieden werden mag, eine Antwort, die Ueding gegeben hat, gilt salomonisch für beide: »Karl May befindet sich damit in einer langen, bis zur Antike zurückreichenden ästhetischen Tradition (...).«[315]

Die Hoffnung, daß sich die May-Forschung mit »neuem Interesse«[316] den medizinischen Aspekten in Mays Werk zuwenden möge, stellen Susanne Kohl und Gerald Kohl an das Ende ihrer Ar-

---

[310] Ebd., S. 59
[311] Ebd., S. 60
[312] Ebd., S. 62
[313] Ebd.
[314] Ebd., S. 64
[315] Ebd., S. 65
[316] Susanne Kohl und Gerald Kohl: Exemplarisches zur Vermittlung von medizinischen Kenntnissen. In: Karl May und Österreich, wie Anm. 243, S. 363

beit über die Vermittlung medizinischer Kenntnisse durch Mays Erzählungen. Zunächst aber erweitern sie die bisher publizierten Beispiele von Mays medizinischem Wissen in einem kursorischen Streifzug durch die Kolportageromane; obwohl May ja bei diesen Erzählungen weniger sorgfältig als für die Reiseromane Hintergrundwissen recherchierte, kommen sie zu der Überzeugung, daß May »recht gut informiert«[317] war, sich aber wohl für dramaturgisch packende Themen wie »Wiedererlangung der Sehkraft, des Verstandes, der Erinnerung oder besonderer Fähigkeiten«[318] interessierte. Immerhin kommen beide zu dem Schluß: »Angesichts der vielen noch offenen Fragen kann das Thema ›Karl May und die Medizin‹ bei weitem noch nicht als abgeschlossen angesehen werden.«[319]

3.2 Vorbilder des heilenden Helden
3.2.1 Biographisch begründete Vorbilder

Als wichtigste Ursache für all die häufigen Arztrollen, in die Mays Helden schlüpfen, wird heute »die böse Versagung« angesehen, »die einst den Wunsch des Knaben, einmal Medizin zu studieren und Arzt zu werden, an der Ernstthaler Weber-Misere scheitern ließ«.[320] Dieses Diktum, »der Beruf des Arztes schwebte May vor«,[321] ist zum Allgemeingut vieler biographischen Schilderungen geworden, obwohl von May selbst ein ausdrücklicher Hinweis auf diesen unerfüllten Wunschtraum fehlt. In einer Eingabe an das Amtsgericht Berlin-Charlottenburg schilderte May noch eher passiv: *Man hielt mich für begabt. Man wünschte, ich solle studieren. Aber für Gymnasium und Universität gab es keine Spur von Mittel.*[322] In der Autobiographie, zwei Jahre später geschrieben, präzisierte er zunächst diesen Wunsch als Erziehungsziel seines stimmungslabilen, zu Phantasmen neigenden Vaters, der selbst nie eine Schulbildung genossen hatte und in dem einzigen Sohn – ja

---

[317] Ebd., S. 362
[318] Ebd.
[319] Ebd., S. 363
[320] Heinz Stolte: Die Reise ins Innere. Dichtung und Wahrheit in den Reiserzählungen Karl Mays. In: Jb-KMG 1975. Hamburg 1974. S. 30
[321] Wohlgschaft: Große Karl May Biographie, wie Anm. 24, S. 62
[322] Karl May: Meine Beichte; zit. nach: Lebius: Die Zeugen Karl May und Klara May, wie Anm. 79, S. 4

verständlich – eigenes Elend überwunden sehen wollte: *Ich sollte ein gebildeter, womöglich ein hochgebildeter Mann werden, der für das allgemeine Menschheitswohl etwas zu leisten vermag.*[323] Nun zeigte sich auch in der Volksschule rasch Mays außergewöhnliche Begabung zu lernen, so daß er – ebenfalls verständlich – diesen Traum vom sozialen Aufstieg via Bildung verinnerlichte: *Ich wollte so unendlich gern auf das Gymnasium, dann auf die Universität. Aber hierzu fehlten nicht mehr als alle Mittel. Ich mußte mit meinen Wünschen weit herunter und kam zuletzt beim Volksschullehrer an.*[324]

Daß aber nun gerade der Beruf des Arztes jener Wunschtraum war, in dem May Rettung aus Elend erhoffte, muß eine, wenn auch plausible, Spekulation bleiben. Immerhin hatte sicher die familiäre Umgebung bei aller Ärmlichkeit dem Kind eine grundsätzliche affektive Nähe zur Tätigkeit des Heilens vermittelt. Die Mutter Christiane May hatte Mitte August 1845 an dem Entbindungsinstitut der Chirurgisch-medizinischen Akademie in Dresden die Ausbildung zur Hebamme begonnen und wurde sieben Monate später nach bestandener Prüfung am 19.3.1846 durch das zuständige Gräflich Schönburgische Justizamt Hinterglauchau als zweite Hebamme der Stadt Ernstthal bestätigt.[325] Vorstellbar ist, daß Erlebnisse aus ihrer Arbeitswelt Gesprächsthema in der Familie May waren, auf jeden Fall waren die Kinder Zeugen der Welt eines medizinischen Berufes. Literarisch verarbeitete Szenen aus dem Gebiet Geburtshilfe oder Gynäkologie fehlen aber in den sonst so reichhaltig geschilderten medizinischen Episoden im Werke Mays völlig. Sie hätten sich auch schwerlich mit den damaligen Sitten- und Moralvorstellungen vereinbaren lassen, zumal für einen christlich orientierten, auch für die Jugend schreibenden Schriftsteller, und mußten schon durch die Vorzensur des Bewußtseins tabuisiert werden. Nur einmal taucht – und das indirekt – eine Hebamme in seinen Orientromanen auf, dies aber in einer fast schon freudianisch verschlüsselten Form. Als der Hund Kara Ben Nemsis einen Kurden in die Hand beißt, lehnt dieser die angebotene Hilfe ab: »*Die Deka**** [Fußnote: ***Hebamme] *von Gumri*

---

[323] May: Mein Leben und Streben, wie Anm. 2, S. 51
[324] Ebd., S. 77
[325] Ebd., S. 337*, Anm. 20 von Plaul

wird mir helfen. Sie ist ein größerer Arzt als Du!«[326] Eine unbewußte, aber distanzierte Verneigung vor der mütterlichen Autorität, und zugleich ein Hinweis, daß die Kraft des Heilens eigentlich Frauen, explizit: den Hebammen-Müttern zukommt, in der männerdominierten Szenerie der Abenteuerwelt eine blitzlichtartige Reminiszenz an die eigene Kindheit.

Von seinem Vater überlieferte May dessen Liebhaberei, durch Wald und Flur zu streichen und zu *botanisieren*,[327] die durch ein Erbstück besonderer Art noch verstärkt wurde und in eine wahre Leidenschaft mündete. 1838 hatte die Mutter von einer entfernten Verwandten, Maria Rosine Klemm, ein Haus in Ernstthal samt Zubehör und Gärtchen geerbt, und da die Erblasserin als heilkundige Kräutertante bekannt gewesen war, befand sich in der Erbmasse ein großer Folioband, der gegen tausend Seiten zählte und folgenden Titel hatte: ›Kräutterbuch Deß hochgelehrten und weltberühmten Herrn Dr. Petri Andreae Matthioli‹. Dieser Band, der *nicht nur die Kenntnisse der Gewächse an sich, sondern auch ... ihrer Heilwirkungen*[328] enthielt, wurde nicht nur dem Vater, sondern, so May, auch *mir später eine Quelle der reinsten, nützlichsten Freuden, und ich kann wohl sagen, daß Vater mich dabei vortrefflich unterstützte.*[329] Dieses Buch, heute noch in Mays Bibliothek vorhanden,[330] wurde von dem italienischen Arzt und Botaniker Petrus Andreas Matthiolus (1501-1577), u.a. Leibarzt Kaiser Maximilians II., verfaßt, 1563 zum erstenmal in Prag in deutscher Sprache herausgegeben und, vom Nürnberger Arzt Joachim Camerarius (1534-1598) erweitert, in mehreren Auflagen nachgedruckt. Mays Exemplar erschien 1600 in Frankfurt/Main.

Zu dieser emotionalen Beziehung kann auch das eigene kindliche Erleben ärztlicher Hilfeleistung gezählt werden. Abgesehen von der Heilung der hypothetischen Blindheit schilderte May plastisch eine weitere Erkrankung, die ihn und seine Geschwister befiel: *Die*

---

[326] Karl May: Gesammelte Reiseromane Bd. II: Durchs wilde Kurdistan. Freiburg 1892, S. 421

[327] May: Mein Leben und Streben, wie Anm. 2, S. 27

[328] Ebd., S. 29

[329] Ebd.

[330] Kandolf u.a.: Karl Mays Bücherei, wie Anm. 189; siehe auch: Karl Mays Werke. Historisch-kritische Ausgabe. Supplemente Bd. 2: Katalog der Bibliothek. Hrsg. von Hermann Wiedenroth und Hans Wollschläger. Bargfeld 1995, S. 7, Nr. 151

Blattern brachen aus. Wir Kinder lagen alle krank ... Bei einer der Schwestern hatte sich der blatternkranke Kopf in einen unförmlichen Klumpen verwandelt. Stirn, Ohren, Augen, Nase, Mund und Kinn waren vollständig verschwunden. Der Arzt mußte durch Messerschnitte nach den Lippen suchen, um der Kranken wenigstens ein wenig Milch einflößen zu können. Sie lebt heute noch ...[331] Da sich, so May, während dieser Erkrankung seine Mutter in Dresden auf der Hebammenschule befand, muß diese Erkrankung in den Winter 1845/46 datiert werden, zu einer Zeit aber, als der kleine Karl nach Angaben der späteren Autobiographie noch blind gewesen sein soll ...

Sichere Hinweise also, daß der Arztberuf des jungen Mays Wunschtraum gewesen war, existieren nicht; daß aber bei der im Elternhaus erlebten Nähe zur Tätigkeit des Heilens und der vor allem durch den Vater gestärkten Phantasievorstellung einer grandiosen Zukunft auch der Beruf des Arztes als eine Verwirklichung sozialen Aufstiegs in Frage kam, ist durchaus möglich und gewinnt an Wahrscheinlichkeit, wenn als Indiz die vielen Arztrollen der Mayschen Helden, der Ich-Spiegelungen resümiert werden. Vor allem der Held des Waldröschenzyklus, Karl Sternau, Doktor der Medizin und Augenarzt, sozusagen die Kolportageversion von Old Shatterhand und Kara Ben Nemsi in Personalunion und mehr den Freiheiten der Phantasie als den Gesetzen der Realität unterworfen, beweist sich auf seiner weltumspannenden Odyssee nicht nur als treffsicherer Schütze und kräftiger Faustkämpfer, er ist ebenfalls in seinem studierten Beruf ein Alleskönner und brilliert als Urologe und Internist, als Dermatologe wie Neurochirurg, Toxikologe und einfühlsamer Seelenarzt. Eine zusätzliche Deutung der Arztrolle, die autotherapeutische Bedeutung nicht nur bei der Kompensation eines unerfüllten Kindertraumes besitzen soll, gab Stolte: »Und wenn Kara Ben Nemsi in Kairo das Ansehen eines großen Arztes genießt und ausnutzt, wenn er als vermeintlicher Zahnarzt den Tyrannen von Mossul behandelt, dann fordert jener Dr. Heilig, in dessen Rolle der amtsenthobene Schullehrer einst als Trickbetrüger aufgetreten war, erneut seinen Tribut.«[332]

---

[331] May: Mein Leben und Streben, wie Anm. 2, S. 19
[332] Stolte: Die Reise ins Innere, wie Anm. 320, S. 30

3.2.2 Historisch und literarisch begründete Vorbilder

Neben den in der spezifischen Persönlichkeit Mays gründenden Quellen gibt es auch objektivere, literaturwissenschaftlich und zeithistorisch fundierte Vorbilder dieser mannigfaltigen Arztrollen seiner Romanhelden, im weiteren nun auf die Figur des Kara Ben Nemsi konzentriert. Zunächst wollte May sicher auf die erzähltechnische Wirksamkeit eines solchen literarischen Rollenspiels nicht verzichten, das einer Handlung oft entscheidenden Antrieb oder neue Wendung geben konnte, zugleich aber auch einen handlungsinternen Sinn hatte, indem die ärztliche Tätigkeit nicht nur Merkmal des geschickten Helden, sondern oft auch Beginn eines neuen Abenteuers war. Daneben trug das medizinische Wissen des autarken abenteuernden Abendländers auch bei, beim Leser den Realitätsgehalt des Beschriebenen zu verstärken. Der Reisende war ja auch Träger des zivilisatorischen Fortschrittes, der technisch-naturwissenschaftlichen Erkenntnisse Europas, des optimistisch-positivistischen Zeitgeistes der zweiten Hälfte des letzten Jahrhunderts. Nicht mehr ex oriente lux galt, sondern ex occidente sollte fortschrittliches Licht in den kränkelnden, dahindämmernden Osten gelangen, denn *»da, wo ich geboren bin, hat jedermann mehr Kenntnisse über die Krankheiten als dein Hekim, der den Teufel durch eine tote Fliege vertreiben wollte«*.[333]

In seiner Kombination von Reisendem und Helfer hatte Kara Ben Nemsi zahlreiche Vorbilder und Zeitgenossen. Bei fast allen Berichten zeitgenössischer Forschungsreisenden finden sich Episoden, bei denen der Autor nolens-volens von Einheimischen um medizinische Hilfe gebeten wurde. Auch Mays literarische Vorlage für die Reise durchs wilde Kurdistan, der Bericht Layards, enthielt solch eine Szene: »Frauen und Kinder, von der bösartigen Krankheit entstellt, kamen zu mir, um mich um Arzneien zu bitten (…).«[334] In Mays Bibliothek befand sich zudem Callots ›Der Orient und Europa‹, auch wenn zweifelhaft ist, ob dieses zehnbändige Werk ihm schon bei der Niederschrift des Orientromans zur Verfügung stand – immerhin finden sich in den ersten beiden Bänden

---

[333] May: Durchs wilde Kurdistan, wie Anm. 326, S. 222
[334] Austin Henry Layard: Niniveh und seine Ueberreste. Nebst einem Bericht über einen Besuch bei den chaldäischen Christen in Kurdistan und den Jezidi oder Teufelsanbetern; sowie einer Untersuchung über die Sitten und Künste der alten Assyrer. Leipzig 1854, S. 116

angestrichene, vorwiegend türkische Redewendungen[335] – so findet sich auch hier die Feststellung: »Der Türke hält jeden gebildeten Europäer für einen Hekim (Doctor). Es ist also gut, sich einige medicinische Kenntnisse anzueignen, wenn man im Orient reiset.«[336] Karl Schneider, der als Journalist und Zeitgenosse Kara Ben Nemsis in den siebziger Jahren des letzten Jahrhunderts die osmanische Türkei bereiste, wurde von seinem türkischen Begleiter als Hekimbaschi, Oberarzt, der einheimischen Bevölkerung vorgestellt, und »(...) mein Sträuben half mir nichts. Ich war und blieb einmal der Hekimbaschi (...).«[337] Und abschließend soll die fast apodiktisch geltende Feststellung Samuel Bakers genügen, der zu den großen Entdeckungsreisenden des letzten Jahrhunderts gehörte und die beständigen Bitten um medizinische Hilfeleistungen gar zu den »gewöhnlichen Unannehmlichkeiten« zählte, »welche Europäer bei Reisen durch uncultivierte Länder zu erdulden haben. Es versammeln sich stets die Kranken, weil man glaubt, daß wir Wundercuren verrichten können; die Lahmen, Tauben, Blinden belagern dich; selbst Krüppel von Geburt werden von ihren hoffnungsvollen Müttern gebracht, um etwas aus dem Medicinkasten zu erhalten, das sie wieder gesund und heil macht.«[338]

Richard Burton (1821-1890) war es in der Verkleidung eines Arztes gelungen, nach Mekka zu reisen; sein Landsmann Mungo Park (1771-1805), schottischer Landarzt, hatte als erster Europäer den Niger erreicht. Auch bei deutschen Forschungsreisenden, die speziell das Revier Kara Ben Nemsis durchstreiften, war die Personalunion Arzt und Abenteurer ungewöhnlich häufig: Der Arzt Gerhard Rohlfs (1831-1896) durchquerte als erster Europäer die Sahara in Nord-Süd-Richtung, der Arzt Gustav Nachtigal (1834-1885) wurde gar einer der bedeutendsten Nordafrikaforscher überhaupt, und das Schicksal Dr. Eduard Schnitzers (1840-1892), der unter dem Namen Emin Pascha Gouverneur der osmanischen Äquatorialprovinzen wurde, durch den Mahdiaufstand abgeschnitten in einer spektakulären Expedition von Henry Morton Stanley

---

[335] Ralf Schönbach: »Zu einem guten Kartenleser gehört schon Etwas...«. Die Quellen der Balkan-Romane Karl Mays. In: Karl Mays Orientzyklus, wie Anm. 3, S. 206-211; siehe auch: Katalog der Bibliothek, wie Anm. 330, S. 12, Nr. 678-682
[336] Eduard Freiherr von Callot: Der Orient und Europa. Erinnerungen von Land und Meer. 2. Band. Leipzig 1854, S. 103
[337] Karl Schneider: Cypern unter den Engländern. Köln 1879, S. 59
[338] Samuel White Baker: Cypern im Jahre 1879. Leipzig 1880. S. 92

›befreit‹ wurde, war jedem deutschen Zeitungsleser, ja jedem Schulkind wohlbekannt; in Mays Bibliothek finden sich so auch Bände von diesen Forschergestalten oder über sie. In seiner Jugenderzählung ›Die Sklavenkarawane‹ läßt May in dem Helden Dr. Emil Schwarz, einem deutschen Arzt, sicher motivisch und sogar phonetisch die Person Schnitzers durchklingen.

Kara Ben Nemsi als Hekim also war kein Einzelgänger, sondern zehrte von einer Reputation, die reale Reisende geschaffen hatten, und befand sich damit in bester Tradition eines auch medizinisch gebildeten deutschen Reisenden. Medizinische Episoden waren also bei Schilderungen von Reisen im Orient geradezu ein Authentizitätsmerkmal ihrer Taten, und so verstärkten auch die arztnahen Taten Kara Ben Nemsis seine Glaubwürdigkeit beim Leser.

3.3 Die Taten des heilenden Helden
3.3.1 Die Senitza-Episode

Im Morgenlande wird jeder Deutsche für einen großen Gärtner und jeder Ausländer für einen guten Schützen oder für einen großen Arzt gehalten. Nun war mir unglücklicherweise in Kairo eine alte, nur noch halb gefüllte homöopatische Apotheke von Willmar Schwabe in die Hand gekommen ... und war mit ungeheurer Schnelligkeit in den Ruf eines Arztes gekommen ...[339] Eher passiv also wurde Kara Ben Nemsi in sein erstes medizinisch umrahmtes, zugleich eines der bekanntesten Abenteuer verwickelt, der Errettung der geraubten Senitza aus der Gewalt Abrahim-Mamurs. In Form einer eher schwülstigen Liebesgeschichte hatte May schon 1876 diese Episode veröffentlicht, die im übrigen motivische Anleihen bei Hauffs Märchen ›Die Errettung Fatmes‹ machte, in dem Mustapha seine geraubte Schwester Fatme ebenfalls in der Rolle eines Arztes befreit.[340] Diagnostisch steht der Amateurarzt Kara Ben Nemsi vor keinen großen Schwierigkeiten, da schon der Diener Mamurs auf ein psychosomatisches Leiden hinweist: *»... ihr Leib ist krank, und ihre Seele ist noch kränker.«*[341] So griff er nach seinem *Kästchen mit Aconit, Sulphur, Pulsatilla und all' den*

---

[339] Karl May: Gesammelte Reiseromane Bd. I: Durch Wüste und Harem. Freiburg 1892, S. 85

[340] Roxin: Bemerkungen zu Karl Mays Orientroman, wie Anm. 3, S. 87

[341] May: Durch Wüste und Harem, wie Anm. 339, S. 88

Mitteln, welche in einer Apotheke von hundert Nummern zu haben sind[342] und besucht die Kranke, freilich erst nach langen Diskussionen, da Abrahim-Mamur seine Gefangene partout nicht einem fremden Manne, noch dazu einem Ungläubigen, leibhaftig vorstellen will. Die von Abrahim-Mamur sozusagen fremd-anamnestisch geschilderte Symptomatik der gefangenen Senitza klingt dann auch eher poetisch-anrührend und läßt mit so klassischen Symptomen wie Insomnie, Apathie, Inappetenz und allgemeiner körperlicher Schwäche das Bild einer deutlich depressiven Erkrankung entstehen, wobei auch eine erwähnte Hämoptyse nicht störend wirkt, bestärkt sie doch die Notwendigkeit einer raschen Therapie; die *»Seele der Kranken steht schon im Begriff, die Erde zu verlassen«.*[343] Kara Ben Nemsi besteht zu Recht auf einer Inspektion der Kranken – *»Ich muß sie fragen nach ihrer Krankheit und allem, was damit zusammenhängt«*[344] –, beim Fühlen des Pulses erfahren er wie auch der Leser die Bestätigung ihrer ätiologischen Vorahnungen in diesem Kasus: *»Rette Senitza!«* Schon die leicht verschlüsselte Ankündigung der bevorstehen Befreiung ist Therapie – am nächsten Morgen sind die meisten Symptome verschwunden, die Patientin auf dem Weg der Gesundung. Zunächst aber spielt der deutsche Hekim seine Rolle glaubhaft weiter, als Autorität lehnt er es ab, dem Abrahim-Mamur den Namen der Krankheit, *»den nur die Aerzte verstehen«,*[345] zu enthüllen, der Kranken aber gab er *Ignatia nebst den nötigen Vorschriften ...*[346] und traf dabei eine gut überlegte Wahl. Die Urtinktur Ignatia amara, aus dem zerriebenen Samen der St. Ignazbohne, einer aus den Philippinen stammenden Schlingpflanze aus der Familie der Apocynaceen gewonnen, gilt in der Homöopathie als ein Mittel »bei den verschiedenartigen Erkrankungen der Frau, die aus einem lange getragenen, heimlich genährten Kummer (›stille Gram‹) entstehen können. Dieser verursacht oft eine sehr ausgeprägte körperliche und geistige Erschöpfung.«[347] Auch die vorgenannten Mittel, die nun nicht benötigt wurden, verraten eine sorgfältige Auswahl. Aconit oder Aconitum napellus, aus dem Sturmhut,

---

[342] Ebd., S. 92
[343] Ebd., S. 91
[344] Ebd., S. 105
[345] Ebd., S. 111
[346] Ebd., S. 112
[347] Gilbert Charette: Homöopathische Arzneimittel in der Praxis. Stuttgart ⁶1991 S. 258

einer Pflanze aus der Familie der Ranunculaceen gewonnen, ist das Heilmittel der stürmischen Gemütserregungen, sein großes Charakteristikum ist »körperliche und geistige Unruhe«.[348] Die Indikationsbreite von Sulphur, dem Schwefel, »ist so groß, daß es kaum eine chronische Erkrankung gibt, für deren Behandlung Sulfur nicht am Platze wäre (...)«;[349] speziellere Indikationen umfassen Asthma, Keuchhusten, Lungenkatarrh, Pneumonie oder Pleuritis, Krankheiten also, die als Symptom die erwähnte Hämoptyse durchaus enthalten. Und Pulsatilla, aus der Wiesenanemone Pulsatilla pratensis gewonnen, ist »durch sein weibliches Typenbild und wegen seiner vorwiegenden Wirkung auf die weiblichen Organe (...) das Frauenmittel par excellence«.[350]

Das erste Auftreten Kara Ben Nemsis als Arzt spielt aber auch eine Rolle bei der Verarbeitung biographischer Schlüsselerlebnisse, der Reise ins Innere auf »den vorgezeichneten Bahnen der einst erlebten Schrecknisse«.[351] Halef, hier schon Alter ego und Spiegel seines Schöpfers, hatte eine *gelinde Art von Größenwahn* entwickelt, war *gar in das schmachvolle Laster des weiland Barons Münchhausen senior verfallen*[352] – der Schriftsteller nun in seiner Rolle als Arzt rückte die – alten – Verfehlungen wieder ins rechte Lot. Auch die depressive Erkrankung Senitzas erhält ihren in Mays Biographie begründeten Stellenwert: »*... ein großes, ein tiefes Leiden, das größte, welches es giebt ...«*[353] Selbst Willmar Schwabes homöopathische Apotheke war nicht nur etwa Zeugnis von Mays möglicher Vorliebe zur ›sanften‹ Medizin. In einer Untersuchung zu Mays literarischen Quellen des Orientzyklus zitiert Helmut Lieblang[354] eine Passage aus Charles Didiers Werk ›Ein Aufenthalt bei dem Groß-Scherif von Mekka‹, in der Didiers Begleiter Richard Burton seine Arztrolle authentisch darzustellen versuchte: »Mein Reisegefährte, der sich mit einer homöopathischen Apotheke versehen hatte, versuchte seine kleinen medizinischen Talen-

---

[348] Ebd., S. 30-36
[349] Ebd., S. 446
[350] Ebd., S. 393
[351] Stolte: Die Reise ins Innere, wie Anm. 332, S. 26
[352] May: Durch Wüste und Harem, wie Anm. 339, S. 85
[353] Ebd., S. 110
[354] Helmut Lieblang: Im Schatten des Großherrn. Karl May, Charles Didier, von der Berswordt. In: Jb-KMG 1999. Husum 1999, S. 270-296

te an dem Kranken, aber ohne Erfolg.«[355] May mag diese Episode aufgenommen haben, hat sie dann aber mit einer Prise Vergangenheitsbewältigung gewürzt. Denn während seiner Vagantenzeit hatte er im März 1865, gut acht Monate nach seinem Auftritt als Dr. med. Heilig, unter dem Namen eines ›Noten- und Formenstechers Hermin‹ in Leipzig am Thomaskirchhof 12 ein möbliertes Zimmer gemietet – im Erdgeschoß dieses Hauses befand sich just Willmar Schwabes Central-Apotheke![356] Diese Wohnung aber wurde May zum Verhängnis, hier ließ er sich – unter dem neuen Namen Hermes – noch am gleichen Tage von einem Kürschner einen Biberpelz aufs Zimmer bringen, brachte ihn am nächsten Tag zu einem Leihhaus und wurde wenige Tage später beim Versuch, den Erlös abzuholen, festgenommen. Auch die Tatsache, daß der Kasten halbleer war, läßt Vermutungen, Deutungen zu, verweist auf Kara Ben Nemsis medizinische Halb-Bildung oder könnte die nur noch umrißhaft vorhandene, halb verdrängte Erinnerung an die Zeit der Betrügereien symbolisieren. Im weiteren Roman benötigt Kara Ben Nemsi diese Apotheke – diese Erinnerung an traumatisch erlebte Geschehnisse – nicht mehr, er hat sich von ihnen freigeschrieben, die Apotheke verloren. Als Halef ihn in ein weiteres medizinisches Abenteuer verstrickt, antwortet sein Sihdi: *»Du weißt ja, daß ich die kleine Apotheke, aus welcher ich am Nil kurierte, gar nicht mehr besitze!«*[357]

3.3.2 Die Extraktion eines Eckzahnes

Der nächste Auftritt Kara Ben Nemsis als Hekim ist eher eine humoristische Einlage als echte Bewährungsprobe: er zieht dem tyrannischen Pascha von Mossul einen Eckzahn. Besser, er vollendet, da der Zahn schon *lose zwischen dem angeschwollenen Zahnfleische*[358] hing, nur das ungeschickt begonnene Werk seines Leibarztes, der wegen seiner vermuteten Stümperei zur Bastonade verurteilt wurde und mit lautem Wehklagen die Aufmerksamkeit des ›Nemtsche‹ weckt. Da die Extraktion mit etwas ›Hokuspokus‹

---

[355] Charles Didier: Ein Aufenthalt bei dem Groß-Sherif von Mekka. Leipzig 1862. S. 147
[356] Christian Heermann: Der Mann, der Old Shatterhand war. Eine Karl-May-Biographie. Berlin 1988. S. 77
[357] May: Durchs wilde Kurdistan, wie Anm. 326, S. 205
[358] May: Durch Wüste und Harem, wie Anm. 339, S. 511

schmerzlos gelingt, erspart der fremde Hekim immerhin seinem Kollegen den Rest der Bastonade, gewinnt das Vertrauen des Paschas und von ihm Empfehlungsbriefe sowie polizeilichen Geleitschutz für die Weiterreise. Keine medizinische Großtat also, eher ein Beweis für die rasche Auffassungsgabe des Helden, Situationen und Personen für sich zu gewinnen. Asbach als Zahnmediziner vermutet, daß der ja ansonsten durch seine langen Wurzeln schwer zu extrahierende Eckzahn beim Pascha »durch einen Taschenabszeß so stark gelockert war, daß die Möglichkeit der Extraktion nicht auszuschließen ist«.[359]

3.3.3 Die Heilung einer Tollkirschenvergiftung

Ganz anders dagegen die nächste Episode, in der nun erstmals echtes medizinisches Wissen gefordert ist: Wieder ist es Halef, der den Ruf seines Herren als Arzt publik gemacht hatte und Tadel dafür einstecken muß – »das hast du dumm gemacht, Halef«[360] –, zu Unrecht aber, da nach der Schilderung der Krankheitssymptome eines 16jährigen Mädchens durch ihren Vater Kara Ben Nemsi den Ernst der Lage erkennt: *Hier war schleunige Hilfe nötig, denn es lag jedenfalls eine Vergiftung vor.*[361] Am Krankenbett angelangt, faßt sein diagnostischer Blick zusammen: *Die Kranke lag da mit offenen, heiteren Augen; aber ihre Pupillen waren sehr erweitert. Ihr Angesicht war stark gerötet, Atem und Puls gingen schnell, und ihr Hals bewegte sich unter einem krampfhaften Würgen. Ich frug gar nicht, wann die Krankheit ausgebrochen sei; ich war Laie, aber ich hatte die Ueberzeugung, daß die Kranke Belladonna oder Stramonium genossen habe.*[362] Nach dem Prüfen der Pupillenreflexe – negativ! -- bringt er das Mädchen durch Einführen eines Fingers in den Mund, abgesichert durch den Knauf seines Messers, zum Erbrechen, läßt sehr starken, heißen Kaffee sowie Galläpfel in Wasser kochen, Zitronen herbeischaffen und findet in einer Apotheke, die eher den Namen Rumpelkammer verdient, etwas Kupfervitriol und ein Fläschchen Salmiakgeist. *Das erstere wirkte nach unserer Rückkehr zur Kranken recht befriedigend. Dann gab ich ihr starken Kaffee mit Citronensaft*

---

[359] Asbach: Die Medizin in Karl Mays Amerika-Bänden, wie Anm. 46, S. 73
[360] May: Durchs wilde Kurdistan, wie Anm. 326, S. 205
[361] Ebd., S. 206
[362] Ebd., S. 206f.

und dann den Galläpfelaufguß. Hierauf schärfte ich zur Verhütung eines etwaigen Steck- und Schlagflusses ihren Verwandten ein, sie durch Schütteln, Bespritzen mit kaltem Wasser und Riechenlassen an dem Salmiakgeist möglichst am Einschlafen zu verhindern, und versprach baldigst wiederzukommen. Die Behandlung war wohl keine ganz richtige, aber ich verstand es nicht besser, und – sie hatte Erfolg.[363] In einem Körbchen mit Maulbeeren, die das Mädchen gepflückt hatte, findet Kara Ben Nemsi auch die Ursache der Vergiftung: mehrere Tollkirschen.

In dieser Episode ist Kara Ben Nemsi als Arzt – bei allem geäußerten Understatement – auf der Höhe seines diagnostischen wie therapeutischen Könnens. Schon die Symptome der Atropin-vergiftung – weite Pupillen, Gesichtsröte, Tachykardie, Koma, Atemdepression, Krämpfe; der Vollständigkeit halber seien noch Fieber, trockene Haut und Schleimhäute hinzugefügt – sind klassisch und hinreichend, um eine Nachtschattenalkaloidintoxikation zu beschreiben. Differentialdiagnostisch denkt Kara Ben Nemsi richtig an die Tollkirsche, Atropa bella-donna L., und den Stechapfel, Datura stramonium L., beide der Gattung Solanaceae zugehörig. Atropin ist das wichtigste Alkaloid der Tollkirsche, die im gemäßigten Europa, Asien und auch der Türkei vorkommt,[364] dort trägt sie allerdings nicht den von May kreierten Namen *Oelüm kires*[365] (wörtlich etwa Tod-Kirsche), sondern ›Güzelavradotu‹, also die türkische Übersetzung von ›Belladonna‹. Der Stechapfel, ursprünglich aus Südamerika eingeführt, enthält als Alkaloid vor allem Hyoscamin, aber auch Scopolamin und Atropin; die Vergiftungssymptome ähneln denen der Tollkirsche.[366]

Auch die Therapie ist zweckmäßig und korrekt geschildert: Emetika oder Magenspülung, Atemhilfe, Flüssigkeitssubstitution (neben Legen eines Blasenkatheters) sind auch heute noch die wichtigsten Maßnahmen; die Gabe von Physostigmin als Atropinantagonist war zu Mays Zeiten noch unbekannt und ist in einem kurdischen Gebirgsdorf auch heute noch sicher Mangelware. Durch mechanische Reizung des Rachens führte Kara eine erste Entleerung des

---

[363] Ebd., S. 210

[364] Peter Schönfelder und Ingrid Schönfelder: Der Kosmos-Heilpflanzenführer. Europäische Heil- und Giftpflanzen. Stuttgart [5]1991, S. 158

[365] May: Durchs wilde Kurdistan, wie Anm. 326, S. 211

[366] Schönfelder: Der Kosmos-Heilpflanzenführer, wie Anm. 364, S. 74

Magens als wichtigste therapeutische Maßnahme durch; die Gabe von Kupfervitriol, Kupfersulfat, war früher in einer Lösung von einem halben Gramm auf 50 ml Wasser und verabreicht in der Dosis eines Eßlöffels alle 10 Minuten ein gebräuchliches Emetikum.[367] Zusätzlich führte das in Galläpfeln enthaltene Tannin zu einer Ausfällung von Substanzen, ersetzte sozusagen das Antidot. Galläpfel waren in den kurdischen Eichenwäldern reichlich vorhanden, waren eine der wichtigsten Einkommensquellen der dortigen Bevölkerung und bildeten sogar »einen Handelsartikel nach Persien«.[368] Der starke Kaffee war zur Kräftigung des Kreislaufs bestimmt, dazu schon eine erste Flüssigkeitssubstitution. Und Salmiak führte über eine Reizung der Nasenschleimhaut zu einer Anregung der Atemtätigkeit.

Als guter Arzt hinterließ Kara Ben Nemsi beim Verlassen des Krankenzimmers *die Weisung, mich bei einer etwaigen Verschlimmerung gleich holen zu lassen.*[369] Als er kurz darauf noch einmal seine Patientin visitiert, ähneln seine Beobachtungen einer Eintragung in die Krankengeschichte des Mädchens: *Die Röte war verschwunden; der Puls ging matt, aber ruhiger, und sie vermochte, wenn auch mit einiger Anstrengung, doch geläufiger zu sprechen, als da ich sie zuerst gesehen hatte, wo sie in der Betäubung fabulierte. Die Pupille hatte sich verengert, aber die Schlingbeschwerden waren noch vorhanden.*[370] So verordnet er *mit dem Kaffee und Citronensaft fortzufahren, und empfahl dabei ein heißes Fußbad ...*[371] und kann schließlich eine beruhigende Prognose stellen: *»Einige Tage sind genug, um ihre gegenwärtige Schwäche zu überwinden.«*[372]

Die ganze Episode ist zunächst ein Sieg der rationalen, abendländischen wissenschaftlich fundierten Medizin; dieser Effekt wird noch durch die Rahmenhandlung verstärkt, in die die Szene eingebettet ist. Ursprünglich war der alte türkische Hekim des Dorfes an das Krankenbett gerufen worden, hatte die Erkrankung als Beses-

---

[367] Höss: Kara Ben Nemsi als Hekim, wie Anm. 288, S. 85
[368] Layard: Niniveh und seine Ueberreste, wie Anm. 334, S. 111
[369] May: Durchs wilde Kurdistan, wie Anm. 326, S. 212
[370] Ebd., S. 219
[371] Ebd.
[372] Ebd.

senheit – *»Der Teufel ist in sie gefahren, Herr!«*[373] – gedeutet und folglich versucht, mit einem Amulett die Kranke zu heilen. Nach erfolgreicher Therapie nimmt Kara Ben Nemsi das heilkräftige Amulett, öffnet es, findet eine tote Fliege als Mittel zur Teufelsaustreibung vor und gibt so – stellvertretend in dem Hekim – den in dumpfem Aberglauben verharrenden Orient der Lächerlichkeit preis.

Neben dem profunden Wissen um das Wesen einer Erkrankung offenbart so Kara Ben Nemsi auch alle anderen Qualitäten, die einen klassischen Arzt ausmachen: rasches Handeln, aber auch Ruhe, dazu Sorgfalt in der Behandlung und nicht zuletzt Zuwendung hin zum Patienten.

Wie so oft, hat diese Helferszene auch eine teleologische Bedeutung: durch die Rettung des Mädchens lernt er die Urgroßmutter des Mädchens, Marah Durimeh, kennen, die, wie sich später herausstellt, aus einem alten Königsgeschlecht stammt und zu einer der großen, bestimmenden Gestalten der Symbolwelt des Mayschen Alterswerkes wird. Mit ihrem Dank – *»Gott hat deine Hand gesegnet, Emir. Er ist mächtig in dem Schwachen und barmherzig in dem Starken«*[374] – erhält so die Heilung des Mädchens eine allegorische, ja metaphysische Bedeutung. Unter Marah Durimehs Einfluß versöhnen sich bald darauf die verfeindeten Kurden und Nestorianer, für Kara Ben Nemsi bleibt sie »erträumte Gerechtigkeit, Märchenlösung für die Schwierigkeiten des Lebens, gute Fee und gute Großmutter«,[375] der er die »zentrale Not seines Lebens«[376] beichten kann: *».. auf wem das Gewicht des Leides und der Sorgen lastete, ohne daß eine Hand sich helfend ihm entgegenstreckte, der weiß, wie köstlich die Liebe ist, nach der er sich vergebens sehnte.«*[377]

---

[373] Ebd., S. 206
[374] Ebd., S. 219
[375] Wiegmann: Werkartikel ›Orientzyklus‹, wie Anm. 6, S. 194
[376] Roxin: Bemerkungen zu Karl Mays Orientroman, wie Anm. 3, S. 89
[377] May: Durchs wilde Kurdistan, wie Anm. 326, S. 633

3.3.4 Die Heilung des Mutesselim von Amadijah

So ernsthaft hier Kara Ben Nemsi heilend tätig war, so farcenhaft und launig demonstriert er in einer anschließenden Szene sein Wissen um Krankheiten und Heilmittel, quasi als humoristisches Pendant dieser Episode. Sein Ruf als Hekim ist natürlich auch dem Kommandanten, dem Mutesselim der Festung von Amadijah rasch zu Ohren gekommen, und dessen Frage: »*So kennst du alle Krankheiten?*« beantwortet er recht entschieden mit einem: »*Alle!*«[378] Und da ihm nicht nur alle Krankheiten, sondern ebenfalls die entsprechenden Heilmittel bekannt sind, kann er natürlich auch die durchsichtige Frage nach der therapeutischen Indikation des Weintrinkens beantworten: »*Bei gewissen Krankheiten des Blut- und Nervensystems, sowie auch der Verdauung als Stärkungs- oder Erregungsmittel.*«[379] Kein Wunder, daß der Kommandant nun just an diesen Erkrankungen leidet und kein Arzt ihm bisher helfen konnte. Da aber der Prophet Wein als Arzneimittel nicht ausdrücklich verboten hat, soll die Krankheit des Mutesselims eine Woche lang täglich mit dieser Arznei kuriert werden. Da auch der Selim Agha, der Kommandant der Arnauten, der Albanergarde, an dem »*System der Nerven und des Blutes*«[380] erkrankt ist und auch Wein so als Therapeutikum benötigt, gelingt es Kara Ben Nemsi, einen unschuldig Eingekerkerten, Amad el Ghandur, Sohn seines Freundes Mohammed Emin, aus dem Gefängnis zu befreien.

Bei allem Schabernack ist diese Episode aber auch einer der ernsten Späße Mays, ein Beweis seiner Fähigkeit, erlebte Tragik in erzählte Komik umzuwandeln. Der Mutesselim als Festungs- bzw. Gefängniskommandant und der Selim Agha als Polizeihauptmann sind ja Persiflagen von Autoritätspersonen, die er als Häftling jahrelang hinter Gittern ertragen mußte. In dieser spielerischen Vergangenheitsbewältigung ist die Aura der Arztrolle also Heilmittel für chronische Wunden des Autors, und die verschlüsselte Reise in die eigene Häftlingszeit befähigt ihn zu einer selbstironischen Reflexion: *Wie oft hatte ich gelesen, daß ein Gefangener durch die Berauschung seiner Wächter befreit worden sei, und mich über diesen verbrauchten Schriftstellercoup geärgert.*[381] Der

---

[378] Ebd., S. 222
[379] Ebd.
[380] Ebd., S. 228
[381] Ebd., S. 242

ehemalige Sträfling Karl May alias Kara Ben Nemsi befreit die Eingekerkerten, aber mit den Mitteln einer Klamotte, die gleichzeitig die Erinnerung an die eigene Haftzeit komödiantisch entschärft.

3.3.5 Die Aleppobeule Lindsays

Nicht immer aber kann Kara Ben Nemsi therapeutisch eingreifen; als sich bei seinem Kampfgenossen Sir David Lindsay nach einem vierundzwanzigstündigen Fieberanfall auf der Nase eine ungewöhnlich große, dunkelrot glänzende Beule manifestiert, bleibt ihm nur die diagnostische Beschreibung dieser Krankheit: ... *jenes schaudervolle Geschenk des Orientes ..., welches der Lateiner Febris Aleppensis, der Franzose aber Mal d'Aleppo oder Bouton d'Alep nennt.*[382] Der englische Arzt Alexander Russel (1715-1768), im Dienste einer englischen Faktorei in Syrien tätig, hatte die Krankheit erstmals in Aleppo gesichtet und ihr 1756 den Namen gegeben.[383] Die Beschreibung der Protozoenart Leishmania donovani als Ursache dieser Erkrankung, die eine viszerale Form, Kala Azar, und eine kutane Form, die Orient- oder Aleppobeule, aufweist, gelang Sir William Boog Leishman (1865-1926) im Jahre 1900 und, unabhängig von ihm, Charles Donovan (1863-1951) im Jahre 1903. Und erst 1942 wurde der Überträgermodus über verschiedene Phlebotomusmücken erkannt. So blieb für Kara Ben Nemsi nur die Deskription des damals gängigen Wissens: *Diese »Aleppobeule« ... wird stets von einem kurzen Fieber eingeleitet, nach welchem sich entweder im Gesicht oder auch auf der Brust, an den Armen und Beinen eine große Beule bildet, welche unter Aussickern einer Feuchtigkeit fast ein ganzes Jahr steht und beim Verschwinden eine tiefe, nie wieder verschwindende Narbe hinterläßt.*[384] Immerhin weiß Kara um die ansteckende Genese der Erkrankung, zumindest um die Möglichkeit einer Autoinokulation; auf die verzweifelte Frage des Engländers um eine Therapie – *»Fürchterlich, entsetzlich! Giebt es keine Mittel? Pflaster? Salbe?*

---

[382] Karl May: Gesammelte Reiseromane Bd. III: Von Bagdad nach Stambul. Freiburg 1892, S. 10

[383] W. Schreiber und F. K. Mathys: Infectio. Ansteckende Krankheiten in der Geschichte der Medizin. Basel 1986, S.165-167

[384] May: Von Bagdad nach Stambul, wie Anm. 382, S. 10

Brei auflegen? Wegschneiden?«[385] warnt er ausdrücklich vor me-
chanischen Manipulationen, da die Beule sonst *sehr schlimm
werden*[386] könne.

3.3.6 Die Heilung von psychogenen Zahnschmerzen

Ein Kennzeichen eines guten Arztes ist Einfühlungsvermögen in
die spezifische psychosoziale Situation des Patienten, um z.B.
somatischen Beschwerden ihre manchmal psychogene Ätiologie
zuzuordnen und dann – auch unter Zuhilfenahme des Placeboef-
fektes – therapeutisch erfolgreich zu sein. Als Kara Ben Nemsi das
Wimmern eines Kindes hört, dann vom Vater erfährt, daß seine
Tochter an Zahnschmerzen leidet, er aber zu arm wäre, um einen
Barbier oder gar Arzt aufzusuchen, läßt er das Kind zu sich kommen: *»Komm her!« bat ich in mildem Ton, um ihr Vertrauen zu
erwecken.*[387] Da der Zahn keine äußerlichen Krankheitszeichen
aufweist, vermutet er einen ›rheumatischen‹ Schmerz: *Da gab es
freilich kein Mittel. Aber ich wußte aus Erfahrung, welchen Einfluß, besonders bei Kindern, die Einbildung übt.*[388] So legt er die
hohle Hand auf die betreffende Wange und streichelt sie leise. *Vom
Lebensmagnetismus verstehe ich allerdings nichts, aber ich verließ mich auf die Einbildungskraft des Kindes und auf das
wohlthuende Gefühl, wenn eine freundliche, warme Hand einen
schmerzenden Backen leise berührt.*[389] Da Mays Ehen kinderlos
blieben, kann er resp. Kara Ben Nemsi hier nur aus dem Erfahrungsschatz der eigenen Kindheit geschöpft haben; gleichzeitig
hatte er sicher damit bei den meisten Lesern ein ähnlich erfahrenes
Erlebnis wachgerufen, als einst Zuwendung und Trost schmerzlin-
dernd wirkten. Empathie und Suggestionskraft sind seine therapeutischen Mittel, und die fast nebensächlich geschilderte Szene
erhält einen fast rührenden, ja zärtlichen Charakter – eigentlich
eine atypische Tat eines abgebrühten Abenteurers auf seiner Verfolgungsjagd durch drei Kontinente.

---

[385] Ebd., S. 12
[386] Ebd.
[387] Karl May: Gesammelte Reiseromane Bd. V: Durch das Land der Skipetaren. Freiburg 1892, S. 138
[388] Ebd.
[389] Ebd., S. 138f.

3.3.7 Die Nebatja-Episode

Auf dem europäischen Kontinent angelangt, führt die Verfolgungsjagd Kara Ben Nemsi in das heutige Mazedonien. Hier, an einer Quelle nahe der Stadt Ostromdscha trifft er auf die Kräutersammlerin Nebatja, die durch das Quellwasser Heilung ihrer rheumatischen Krankheit – *Reißen in den Armen*[390] – sucht, bisher freilich vergeblich, auch der Apotheker des Ortes und ein wandernder Heiliger und Heilkundler, der Mübarek, hatten keine Hilfe erbringen können oder wollen. Und für eine ärztliche Konsultation fehle ihr das Geld. Die Frau, eine orthodoxe Christin, ist noch in finsterstem Aberglauben verwurzelt; erst als Kara Ben Nemsi mit einem wohlgezielten Schuß eine verlauste Krähe, für die Einheimischen ein Spion des gefürchteten Mübareks, folgenlos erlegt und Halef in einer seiner Flunkereien der Frau bestätigt, er habe persönlich im Himmel ihren verstorbenen Mann und an seiner Seite Plätze für sie und die Kinder gesehen, faßt sie Zutrauen zu dem Fremden. Und dieser nun schreitet zur Tat, will sich nun *»lieber mit deiner Krankheit beschäftigen«*.[391]

Zuerst inspiziert Kara Ben Nemsi die Wohnung Nebatjas, und *sah keine Stube, sondern ein Loch ohne Diele und Mauerbewurf, so feucht, daß Tropfen an den Wänden hingen, alles mit Moder überzogen war und ein entsetzlicher Geruch in diesem Raum herrschte. Und in dieser Höhle wälzten sich und lagen gegen zehn Kinder übereinander.*[392] Einem Sohn Nebatjas war der Arm gebrochen worden, und Kara Ben Nemsi nimmt den Verband ab und untersucht den Arm. *Ich bin weder Arzt noch Chirurg, also kein Fachmann, aber ich bemerkte doch zu meiner Befriedigung, daß der Hekim, welcher den gebrochenen Arm eingerichtet hatte, kein Dummkopf gewesen war.*[393] Hier ist also seine Hilfe nicht erforderlich, freilich erkennt er in den tristen Wohnverhältnissen die wichtigste Krankheitsursache: *»Hier wirst du niemals gesund.«*[394]

---

[390] Karl May: Gesammelte Reiseromane Bd. IV: In den Schluchten des Balkan. Freiburg 1892, S. 532
[391] Ebd., S. 543
[392] Ebd., S. 545
[393] Ebd., S. 546
[394] Ebd.

Zur speziellen Therapie der schmerzenden Gliedmaßen aber empfiehlt er regennasse Birkenblätter, und erläutert ihre Anwendung am Beispiel der unteren Extremität: *»Sind die Beine krank, so steckt man sie in einen Sack, welcher mit Laub gefüllt ist, bindet diesen über den Hüften zu und legt sich nieder. Bald wird man in Schlaf fallen und sehr schwitzen ... Wenn man erwacht, so steht man auf und findet die Krankheit, wenn sie nur eine leichte war, verschwunden. Bei schweren Fällen, wie der deinige ist, muß man die Einhüllung wiederholen.«*[395] Die Methode habe er auf seinen Reisen von wilden Völkern erlernt, *»welche keine Aerzte haben und ihre Krankheiten nur mit solchen einfachen Mitteln heilen. Von ihnen habe ich es erfahren, daß das Laub der Birke den Rheumatismus heilt.«*[396] Nun hatte aber gerade drei Seiten vorher Kara Ben Nemsi sich als Spezialist aus dem Westen, als ein Hekim Baschi, Oberarzt für rheumatische Erkrankungen eingeführt: *»Nun, ich komme aus dem Westen und werde deine Krankheit heilen«*[397] – mit Methoden wilder Völker aber, fragt sich der enttäuschte Leser, die doch zivilisatorisch noch tiefer stehen als die Kräutersammlerin aus Mazedonien. Zwar bekräftigt Kara Ben Nemsi-May die Wirksamkeit dieser Methode, und zwar hatte er bei einer eigenen rheumatischen Erkrankung *»das Mittel erprobt und es als ausgezeichnet gefunden«*,[398] kann aber die entstandene Unstimmigkeit zwischen westlichem Arzt und Anwendung eines Mittels wilder Völker nicht mehr auflösen, ein Widerspruch, der aus dem Antagonismus von kultureller Arroganz des Abendländers und seiner Zivilisationsmüdigkeit entstanden ist.

Ein weiterer Widerspruch liegt auch in der Bedeutung des Birkenlaubs als Arzneimittel. In der Naturheilkunde galten die Saponoide und Flavonoide enthaltenden Birkenblätter als harntreibende Mittel und somit als diuretische Antidyskratika, Mittel also, die den humoralen Faktor, der bei jedem chronischen rheumatischen Geschehen eine wesentliche Rolle spielt, beeinflussen.[399] Die diuretische Wirkung konnte indessen in wissenschaftlichen Untersuchungen nicht nachgewiesen werden und so »werden wir gut tun, die vielen alten und neuen Empfehlungen der Birke mit großer

---

[395] Ebd., S. 547
[396] Ebd.
[397] Ebd., S. 544
[398] Ebd., S. 547
[399] Rudolf Fritz Weiß: Lehrbuch der Phytotherapie. Stuttgart [7]1991, S. 336

Vorsicht aufzunehmen«.[400] Immerhin befolgte Kara Ben Nemsi unbewußt diesen Ratschlag, indem er die Heilwirkung der Birkenblätter aus dem abendländischen Phytotherapieschatz herausnahm. May war bekanntlich Schnellschreiber, der einmal Geschriebenes kaum je korrigierend durchlas, und hier beim Schreiben mag ihm die fehlende wissenschaftliche Bestätigung einer Heilwirkung der Birkenblätter gekommen sein – der Kunstgriff, sie aus dem vagen Erfahrungsschatz wilder Völker gewonnen zu haben, gab den Birkenblättern aber dann doch wieder ihre beliebige Berechtigung als Heilmittel, ohne nun Kara Ben Nemsi als Quacksalber erscheinen zu lassen. Daß eine Heilwirkung von äußerlich angelegten Birkenblättern trotzdem angezeigt sei, mag eine vage Erinnerung an Matthiolus' Kreutterbuch zur Heilung von rheumatischen Beschwerden begründet haben: »Die Bletter deß schwartzen Pappelbaums mit Essig vermischt werden mit großem nutz angestrichen und übergelegt wider die Podagrischen schmertzen.«[401] Dies gilt nun auch für die Birke: »Die Bletter haben die gleiche Krafft mit denen im schwartzen Pappelbaum die Rinde weicht und zertheilet.«[402]

Daß das volksheilkundliche Wissen in Mazedonien doch nicht unter dem Niveau wilder Völker lag, deutet May in einer folgenden Szene an. Auf der Suche nach Zutaten für ein Haarbleichmittel fragt Kara Ben Nemsi Nebatja, ob sie *die Pflanze, welche Hadad (Bocksdorn) genannt wird*[403] kenne. Die Pflanze, so Nebatja, findet sich tatsächlich in der Apotheke von Ostromdscha, und Nebatja kennt auch genau ihre heilkräftigen Wirkungen: *»Als Pflaster gegen Geschwüre. Die Abkochung hilft gegen kranke Ohren und faules Zahnfleisch, gegen das Dunkel der Augen und das Schrunden der Lippen.«*[404] Bei der gesuchten Pflanze handelt es sich um den Bockshornklee (Trigonella foenum-graecum L.), einem Schmetterlingsblütler, der als Kulturpflanze vor allem in Südeuropa heimisch ist und dessen türkischer Name jedoch Ce-

---

[400] Ebd., S. 337
[401] Petrus Andreas Matthiolus: Kreutterbuch. Frankfurt 1600, S. 38
[402] Ebd., S. 40
[403] May: Durch das Land der Skipetaren, wie Anm. 387, S. 73
[404] Ebd., S. 74

men oder Buy lautet.[405] Sein Samen zu Brei gekocht wird als äußerliches Mittel bei Furunkeln angewendet.[406]

Vor einer Anwendung der Birkenblätter mußte allerdings die Kräuterfrau erst kurfähig werden, mußte ihr soziales Elend beendet werden: Kara Ben Nemsi schenkt ihr zwei Goldstücke, die unglaubliche Summe von *zweihundert und zehn Piaster*[407]also. Das Wissen, Ursachen von Krankheiten in desolaten sozialen Verhältnissen zu finden, basiert sicher auf selbstdurchlebter Erfahrung; der abendländische Arzt Kara Ben Nemsi, der diese Verknüpfung aber dann auch beim Namen nennt, wandelt quasi als moderner Hygieniker so auch in den Spuren Rudolf Virchows, der 1848 nach einer Untersuchung einer Typhusepidemie in Oberschlesien die katastrophalen sozialen Verhältnisse als Ursache dieser Epidemie anprangerte.

Noch einmal begegnet Kara Ben Nemsi der Kräutersammlerin Nebatja bei einem ihrer – in diesem Falle nächtlichen – Streifzüge, um – hier ganz in paracelsischer Tradition – *stundenlang mit den Pflanzen zu verkehren, mit ihnen zu sprechen und die Geheimnisse ihres Daseins zu erlauschen.*[408] Nun klärt Nebatja ihren Wohltäter über die Wirkung und Lebensweise der Marienkreuzdistel, Hadsch Marrjam genannt, auf; sie *»heilt, als Thee getrunken, die Lungensucht, falls diese nicht gar zu alt geworden ist. Die Distel hat einen Stoff, welcher die winzig kleinen Krankheitstiere tötet, die sich in der Lunge befinden«.*[409] Eine Besonderheit der Distel ist aber selbst Kara Ben Nemsi unbekannt, daß die Distelpopulationen nämlich über einen König verfügen, dessen Identität sich allerdings nur wenigen Kennern enthüllt, und dessen pharmakologische Wirkung so kräftig sei, *»daß er den Lungensüchtigen noch vom Grab wegnähme«.*[410] Als Bestätigung fügt der Erzähler eine Episode an, wie er später auf einer Wanderung zwischen *Scheibenberg und Schwarzenberg im sächsischen Erzgebirge auf einer kahlen ... Höhe* solch einen Distelkönig findet, *ich schnitt ihn ab*

---

[405] Deryk E. Viney: An Illustrated Flora of North Cyprus. Königstein 1994. S.164

[406] Weiß: Lehrbuch der Phytotherapie, wie Anm. 399. S. 420

[407] May: In den Schluchten des Balkan, wie Anm. 390. S. 548

[408] May: Durch das Land der Skipetaren. wie Anm. 387. S. 29

[409] Ebd., S. 31

[410] Ebd.

und besitze ihn noch heute.[411] Zunächst aber besitzt auch diese Szene einen für die weitere Handlung wichtigen Gehalt, denn bald würde May *dem Distelkönig ... mein Leben zu verdanken haben ...*;[412] freilich nicht durch eine etwaige pharmakologische Wirkung, sondern weil Nebatja auf ihrer Suche ein Mordkomplott gegen Kara Ben Nemsi erlauscht und diesen rechtzeitig warnen kann. Der Distelkönig ist eine Erfindung Mays, zeugt aber von seinem gekonnten Umgang mit abendländischen Mythen, verweist auf die Heilkraft, die der Person des gesalbten, rechtmäßigen Königs innewohnte. Bis in die neueste Zeit ist der Mythos in der phantastischen Abenteuerliteratur erhalten; John R. R. Tolkien[413] erfand das Königskraut, das, vom rechtmäßigen König von Gondor angewendet, unheilvolle, selbst todbringende Krankheiten heilen kann.

Bei der Marienkreuzdistel handelt es sich um die Mariendistel (Silybum marianum Gaertn.; Carduus marianus L), eine Pflanze, die im mediterranen Raum und dem Kaukasus bis hin nach Afghanistan zu Hause ist, in Mitteleuropa schon lange als Heilpflanze galt, gelegentlich als Zierpflanze anzutreffen ist und verwildert auf Schuttplätzen und Wiesen wächst.[414] Ihren Namen erhielt sie von den weiß durchäderten Blättern, die nach dem Volksglauben von der Milch Mariens stammen, die beim Stillen des Jesuskindes verträufelt wurde. Da die Distel vor allem in der Gotik auch als ein Attribut des Leidens, der Passion Christi galt, finden sich auch volkstümliche Namen wie Christi Krone oder Heilandsdistel.[415] Der Name Marienkreuzdistel stellt nun eine Kombination beider Bezeichnungen dar und findet sich nur bei May, entsprechend ist die türkische Bezeichnung ›Hadsch Marrjam‹, wörtlich ›Kreuz Maria‹, eine Schöpfung seines Wörterbuches; die korrekte türkische Bezeichnung lautet ›Meryemana Dikeni‹[416], also ebenfalls ›Marien-Distel‹. Im Laufe der Jahrhunderte wurden ihr die verschiedensten Heilwirkungen zugesprochen; Matthiolus verordnete

---

[411] Ebd., S. 32

[412] Ebd.

[413] John Ronald Reuben Tolkien: Der Herr der Ringe. Dritter Teil: Die Rückkehr des Königs. Stuttgart 1969

[414] Hans Schadewaldt: Der Weg zum Silymarin. Ein Beitrag zur Geschichte der Lebertherapie. Med. Welt 20/1969, S. 902-914

[415] G. Hahn und A. Mayer: Die Mariendistel. In: Der Deutsche Apotheker. Nr.6-7/1988, Sonderdruck.

[416] Viney: An illustrated Flora of North Cyprus, wie Anm. 405, S. 384

das Kraut bei Seitenstechen und Pestilenz, die Wurzel als Diuretikum zum Austreiben von Nierensteinen und äußerlich angewendet als Mittel gegen Zahnschmerzen. In der Volksmedizin wurden die Samen abgekocht oder als Tinktur als Mittel bei Brustleiden und Seitenstechen verwendet. Heute gilt die Wirksamkeit des Samenextraktes Silymarin als Lebertherapeutikum, vor allem bei Intoxikationen mit Amanitin, dem Gift des Knollenblätterpilzes, als klinisch gesichert.[417] Eine antibakterielle Wirkung dagegen, wie von Nebatja angedeutet, wird auch in der Naturheilkunde nicht vermutet. Sie ist lediglich ein Beweis für Mays Belesenheit und Kombinationsgabe: 1888 erschien im ›Deutschen Hausschatz‹ (XIV. Jg. 1887/88) erstmals der Roman ›Durch das Land der Skipetaren‹, erst sechs Jahre zuvor, am 24. März 1882, hatte Robert Koch vor der Berliner Physiologischen Gesellschaft den Tuberkelbazillus, ›dieses winzig kleine Krankheitstier‹, als den Erreger der Tuberkulose bekanntgegeben. May verarbeitete hier also altes Volkswissen mit aktuellen wissenschaftlichen Erkenntnissen und löst aber dabei flugs auch Kochs lebenslange, vergebliche Suche nach einer tuberkuloziden Substanz.

3.4 Die Erlebnisse des kranken Helden
3.4.1 Ein Schädel-Hirn-Trauma

Jeder abenteuernde Held wird alleine durch sein gefahrvolles Leben immer wieder mit mannigfaltigen Verletzungen unterschiedlichster Ausprägungen in Berührung kommen und sie natürlich auch am eigenen Leibe verspüren müssen. Diese traumatologischen Erkrankungen des Helden sind also Beweis seines gefahrvollen Lebens und daher verständlich und finden sich auch bei den Reiseabenteuern Kara Ben Nemsis. In der Regel ist es natürlich die feindliche Übermacht, die den Sieg, meist durch List oder Täuschung, erst ermöglicht, so auch, als Kara Ben Nemsi auf einem Schiffe im Roten Meer trotz verzweifelter Gegenwehr – Sechs gegen Einen! – ergriffen und mit einigen Schlägen über den Kopf niedergestreckt wird. *Es toste mir in den Ohren wie eine wilde Brandung ... und endlich empfand ich gar nichts mehr. Als ich erwachte, fühlte ich einen wüsten, pochenden Schmerz in meinem Hinterkopfe, und es dauerte eine geraume Zeit, bis es mir*

---

[417] Hahn und Mayer: Die Mariendistel, wie Anm. 415

gelang, mich an das Vorgefallene zu besinnen.[418] Das postkommo-
tionelle Syndrom ist indes nur von kurzer Dauer, eine Platzwunde,
bei solch einer Verletzung wahrscheinlich, war nicht aufgetreten.

3.4.2 Ein Schädel-Hirn-Trauma als Todeserlebnis

Ein zweites Schädel-Hirn-Trauma heilt allerdings nicht so folgenlos aus. Alle Vorahnungen mißachtend, geradezu leichtgläubig für
einen erfahrenen Helden, gerät Kara Ben Nemsi in einer der vielen
Schluchten des Balkans in einen Hinterhalt, erhält nach kurzer
Gegenwehr – der Feind ist auch hier in der Überzahl –, *von hinten
einen fürchterlichen Schlag auf den Kopf. – - – Ich war gestorben;
ich besaß keinen Körper mehr; ich war nur Seele, nur Geist.*[419]
Als Steigerung der Amnesie eines Schädel-Hirn-Traumas versinkt
der Held nicht nur in tiefe Bewußtlosigkeit, sondern erlebt träu-
mend den eigenen Tod: *Ich flog durch ein Feuer, dessen Glut mich
verzehren wollte, dann durch donnernde Wogen, deren Kälte mich
erstarrte, durch unendliche Wolken- und Nebelschichten, hoch
über der Erde, mit rasender, entsetzlicher Schnelligkeit. Dann
fühlte ich nur, daß ich überhaupt flog, ... ohne einen Gedanken,
einen Willen zu haben. Es war eine unbeschreibliche Leere um
mich und in mir. ... Ich fühlte nicht nur, sondern ich dachte auch.
Aber was dachte ich? Unendlich dummes, ganz und gar unmög-
liches Zeug. Sprechen aber konnte ich nicht ...*[420] Allmählich wird
Kara Ben Nemsi dem Leben wiedergegeben, erinnert sich an das
Vorgefallene und sinkt langsam wieder zur Erde, in die Räuber-
höhle, in den eigenen Körper zurück. *Ich war gestorben gewesen
und hatte dies doch bemerkt. Ich hatte sogar die Stimmen der
Mörder gehört, ja, ich hörte sie noch, indem ich jetzt wieder zur
Erde niedersank, deutlicher und immer deutlicher, je mehr ich
mich ihr näherte ...*[421] So kehren zunächst die Sinne in den Körper
zurück, Geruch, Gehör und Schmerzempfinden. *Doch rühren
konnte ich kein Glied*[422] – der Held in Paralyse.

---

[418] May: Durch Wüste und Harem, wie Anm. 339, S. 201
[419] May: In den Schluchten des Balkan, wie Anm. 390, S. 177
[420] Ebd., S. 177f.
[421] Ebd., S. 178
[422] Ebd., S. 179

Und schlimmer: Kara Ben Nemsi hört und fühlt, wie er von seinen Feinden, freilich nach unsachgemäßer Exploration, für tot erklärt wird, ohne Puls, ohne Herzschlag und ohne Atemzug. Oft genug ist sich Totstellen eine List, um zu überleben, hier aber droht die fürchterliche *Gefahr, lebendig verscharrt zu werden. Es befiel mich Angst.*[423]

Meine Lage war hoffnungslos. Der Schlag mit dem Kolben hatte meinen Hinterkopf getroffen. Ich bin weder Anatom noch Pathalog; ich weiß die möglichen Wirkungen eines solchen Krafthiebes nicht aufzuzählen. Ich besaß Gehör und Geruch; vielleicht auch Gesicht und Geschmack; aber daß die Bewegungsnerven versagten, das schrieb ich diesem Hieb zu.[424] In einer Mischung aus Wut und Verzweiflung ballt er die Fäuste, und: *da ging es wie ein gewaltiger Ruck durch meinen Körper: ich konnte die Arme bewegen, die Beine, den Nacken und – Gott sei Dank! – auch die Augenlider.*[425] Doch nun bemerkt Kara Ben Nemsi, daß er ja gefesselt ist, und zwar so fest, daß an eine Befreiung durch eigene Kraft nicht zu denken ist. Paradoxerweise gab es *nur eine Hoffnung, und diese war nicht viel wert: ich mußte mich tot stellen.*[426] Doch Rettung naht, Halef hatte die Spur seines Sihdis aufgenommen und mit seiner Mischung aus Mut, List und Chuzpe – *»Dieser Tote ist ja gefesselt«*[427] – gelingt es ihm, seinen Herren, oder inzwischen: Freund, zu befreien. Die Verfolgungsjagd geht weiter ...

Jahre später schilderte May in seiner Autobiographie rückblickend und doch mit gleichen Worten ein ähnliches Trauma, einen ähnlich stuporösen Zustand, ein ähnliches Spaltungserlebnis: *Ich hatte das Gefühl, als habe mich jemand mit einer Keule auf den Kopf geschlagen, ... ein Schlag über den Kopf, unter dessen Wucht man in sich selbst zusammenbricht. Und ich brach zusammen! ... innerlich blieb ich in dumpfer Betäubung liegen ... Zustande innerlicher Versteinerung ... es war Nacht ... Es war, als ob ich aus jener Zelle, in der ich sechs Wochen lang eingekerkert war, eine ganze Menge unsichtbarer Verbrecherexistenzen mit heimgebracht hätte*

---

[423] Ebd., S. 183
[424] Ebd.
[425] Ebd., S. 184
[426] Ebd., S. 185
[427] Ebd., S. 193

... Ich sah sie nicht ... aber sie sprachen auf mich ein ... Ich wehrte mich, so viel ich konnte, so weit meine Kräfte reichten ...[428]

May stilisierte hier literarisch den Beginn seiner kriminellen Verfehlungen, oder summarisch von ihm auch so ausgedrückt: das erstmalige Erleben seiner inneren Spaltung, den Beginn seiner ›seelischen Depression‹. Und die erlebte Todesszene, die Trennung von Körper und Geist, ist ja auch die Beschreibung eines Spaltungserlebnisses, und das Erleben eines Gespaltenseins war für May persönlich immer Zentrum der eigenen Problematik. Als May-Kara Ben Nemsi ins Leben, in die Realität zurückkehrt, bemerkt er, daß er gefesselt, also verhaftet, also gefangen ist. Die dann entstehende Angst, lebendig begraben zu werden, ist auch eine Metapher der Erkenntnis, nun gefangen, eingekerkert zu sein, für lange Zeit – eben: lebendig begraben. Daneben enthält der geschilderte Zustand Attribute eines depressiven Erlebnisses: Angst, Empfinden innerer Leere, Wahndenken, psychomotorische Inaktivität und Depersonalisationserscheinung – also kein hysterisch-dissoziatives Bild, sondern auch Symptome eines echten melancholisch-depressiven Zustandes. So liegt in dieser Szene sicher auch eine gewichtige Portion jener Katharsis, die Stolte dem Orientzyklus zugrunde legt, ein »Sich-Herumschlagen mit Gewesenem und Gewünschtem, ein Berichtigen (...) dessen, was falsch gewesen war, ein Sich-Beruhigen über Angst und Schrecken«.[429]

Die Schilderung des scheintoten Zustandes weist aber noch eine andere Parallele auf: Die Großmutter väterlicherseits, von May abgöttisch verehrt, soll als junge Erwachsene während eines Mittagsessens plötzlich vom Stuhl gefallen sein: *Der Arzt wurde geholt. Er konstatierte Herzschlag; Großmutter sei tot und nach drei Tagen zu begraben. Aber sie lebte. Doch konnte sie kein Glied bewegen, nicht einmal die Lippen oder die nicht ganz geschlossenen Augenlider. Sie sah und hörte alles, das Weinen, das Jammern um sie. Sie verstand jedes Wort, welches gesprochen wurde. Sie sah und hörte den Tischler, welcher kam, um ihr den Sarg anzumessen.*[430] Nach drei Tagen und drei Nächten sollte die Großmutter begraben werden, als ein Kind in den Sarg griff und die Hand der vermeintlich Toten faßte, eine Bewegung spürte und entsetzt

---

[428] May: Mein Leben und Streben, wie Anm. 2, S. 106-118
[429] Stolte: Die Reise ins Innere, wie Anm. 320, S. S. 18
[430] May: Mein Leben und Streben, wie Anm. 2, S. 25

aufschrie. *Und richtig, man sah, daß die scheinbar Verstorbene ihre Hand in langsamer Bewegung abwechselnd öffnete und schloß.*[431] Die Großmutter wurde gerettet, *aber von da an war ihre Lebensführung noch ernster und erhobener als vorher. ... Ihr und diesem ihrem Scheintote [!] habe ich es zu verdanken, daß ich überhaupt nur an das Leben glaube, nicht aber an den Tod.*[432]

Selbst Plaul, der ansonsten die familiäre Genealogie Mays akribisch untersucht hat, erwähnt oder kommentiert diesen Vorfall nicht, zu legendenhaft ist wohl sein Gehalt. Nun ist ja generell vorsichtige Skepsis bei Mays empathischen Schilderungen der Rolle dieser Großmutter für sein späteres Leben angebracht, zu sehr hat der Schriftsteller sie mit der Aura des Mythischen umkleidet und dabei auch gerne mit Legenden nachgeholfen – wohl auch hier. »Nach vereinzelten Darstellungen von Scheintodfällen im Altertum und im Mittelalter beginnt Ende des 17. und Anfang des 18. Jahrhunderts eine allmählich zunehmende Flut von Scheintodliteratur, teils medizinischer, teils geistlicher, teils belletristischer Provenienz, die um die Wende des 18. und 19. Jahrhunderts ihren Höhepunkt erreichte.«[433] Tankred Koch erklärt die Zunahme der beschriebenen Scheintodfälle wie auch das gesteigerte populäre und wissenschaftliche Interesse an dem Problem des Scheintodes mit den verheerenden Seuchenzügen und der immer größer werdenden Zahl von Kriegsopfern, die beide das bis dato in den Händen der Geistlichkeit liegende Bestattungswesen sowie die nur mangelhafte Versorgung von Verletzen durch medizinische Fachkräfte überforderten.[434] So sind viele Scheintodfälle durch eine Reduktion der menschlichen Vitalfunktionen nach schweren Infekten oder Verletzungen, insbesondere mit Beteiligung des Zentralnervensystems oder bei Hypovolämie durch Blutverlust, auf eine sog. ›vita minima‹ medizinisch erklärbar, die nun in ihrer Relevanz von Laien wie Ärzten häufig nicht erkennbar war und dann zu der fatalen Folge einer fälschlichen Todesfeststellung führte. Ein plötzlicher Scheintod einer ansonsten gesunden Frau ohne jede Vor- oder Begleiterkrankung – Mays Großmutter muß zu diesem Zeitpunkt 38 bis 40 Jahre alt gewesen sein – ist indes-

---

[431] Ebd., S. 26
[432] Ebd.
[433] Tankred Koch: Lebendig begraben. Geschichte und Geschichten vom Scheintod. Leipzig 1990, S. 96
[434] Ebd., S. 96f.

sen – medizinisch, nicht aber belletristisch – nur schwer interpre-
tierbar und gleicht eher einem moralisierenden ›memento mori‹ als
der Beschreibung einer realistischen Begebenheit. Tod und Aufer-
stehung – May webt hier in sein eigenes Schicksal noch einige
Fäden Mythos mit ein.

3.4.3 Die Omrak-Episode

Daß in gefahrvollen Situationen auch das Anwenden von Listen
oder Täuschungsmanövern nötig ist, ist seit Odysseus als Urvater
aller reisenden Abenteurer literarisch wie moralisch legitimiert; so
muß auch Kara Ben Nemsi gelegentlich in die Rolle eines Kranken schlüpfen, um Zugang zu Informationen, oder wie hier, zu
notwendigen chemischen Ingredienzien zu gelangen, die ein weiteres Abenteuer ermöglichen. In Ostromdscha sucht er daher nach
einer Apotheke und findet auch eine Hütte, über der die Inschrift
lesbar ist: *»Der Mekkapilger Omrak, Doktor der Medizin und
Verkaufsladen von Arzneiwaren.« Dieser Hadschi war also ein
Arzt, welcher entweder den Doktortitel wirklich besaß oder sich
ihn anmaßte.*[435] Für den reisenden abendländischen Amateur-
Hekim also eine Konkurrenz, die jedoch rasch in ihre Grenzen
gewiesen wird. Um pro forma das Wissen des Arztes zu prüfen,
stellt er sich zunächst als hilfesuchender Patient mit einer ungewöhnlichen, doch rasche Hilfe fordernden Krankheit vor: *».. ich
habe den Magen gebrochen ...«*[436] Zum Leidwesen Omraks, der in
seinem Äußeren einer gräßlichen Vogelscheuche gleicht, lehnt
aber dieser Patient seine ärztliche Kunst ab und fordert nur be-
stimmte Zutaten, um sich selbst zu kurieren, denn, so Kara Ben
Nemsi: *»Ich bin selbst ein Hekim Bascha, ein Oberarzt meines
Landes, und ich kenne meinen Körper.«*[437] Der Leser erfährt auch
gleich drastisch, daß selbst im Falle einer wirklichen Erkrankung
die Hilfe des Dorfarztes nur Pfusch oder schlimmste Quacksalbe-
rei bedeutet hätte; jammernd stellt die Arztfrau fest: *»Wir hätten
den Riß deines Magens untersucht und genau gemessen. Wir besitzen ein Midemelhemi [Fußnote: Magenpflaster], welches wir dir
auf die Ecke eines Turbantuches gestrichen hätten. Hättest du es*

---

[435] May: Durch das Land der Skipetaren, wie Anm. 387, S. 89
[436] Ebd., S. 90
[437] Ebd., S. 93

aufgelegt, so wäre das Loch in wenigen Stunden zugeheilt.«[438]
Kara Ben Nemsi erhält aber alle geforderten Substanzen, um Kugeln zu gießen, die sich im Fluge auflösen, und ihm so eine Trickvorstellung, ein Beispiel eigener Unverletzlichkeit, ermöglichen.

Die im Stil einer Posse geschilderte Episode, die sich auch schwer in die übrigen Arztszenen einreihen läßt, imponiert zunächst als eine humoristische Einlage mit Slapstick-Charakter. Doch auch ihr liegt ein verborgener, biographisch zu deutender Gehalt zugrunde, auch sie ist einer der ›ernsten Späße‹ Mays. Die Titulierung des Dorfhekims als ›Doktor der Medizin‹ ist ungewöhnlich, denn Hekim ist die Bezeichnung eines Heilkundigen, eines Arztes, wenn also als Doktor übersetzt, dann als Berufsbezeichnung, nicht als akademischer Titel. Die Tätigkeit eines Hekim war ja in dem spätosmanischen Reich nicht an eine universitäre Ausbildung im europäischen Sinn gebunden, der Hekim war in jener Zeit in der Regel ein in der Volksheilkunde bewanderter, vor allem in der Auslegung des Koran geschulter Geistlicher. Und, an welcher medizinischen Fakultät hätte denn der mazedonische Dorfheiler aus der Mitte der siebziger Jahre des vorigen Jahrhunderts seinen Doktortitel erwerben sollen?

Außerdem war die Verkleidung als Patient und der blitzschnelle, genauso unwahre Wechsel in die Arztrolle unnötig, um an einige Mittelchen aus einer Dorfapotheke zu gelangen, da hätte das Klingen einiger Piaster das Tor schneller geöffnet. Dies bizarre Rollenspiel klingt denn auch wie lautes Nachdenken über die Problematik des eigenen, selbst verliehenen Doktortitels: Wenn schon so eine lächerliche Gestalt wie der Hekim sich Doktor nennen darf, wieviel mehr kommt dieser Titel, egal daher, ob rechtlich erworben oder angemaßt, dem Helden Kara Ben Nemsi alias Dr. Karl May zu? Zu seiner eigenen Beruhigung legitimiert hier also May das Tragen seines Doktortitels, wischt Zweifel an der Rechtmäßigkeit seiner Hochstapelei weg und bekräftigt diese noch, indem er sich gleich zum Oberarzt befördert – ein Wetterleuchten kommender Auseinandersetzungen.

---

[438] Ebd.

3.4.4 Die Sprunggelenksläsion

Im Kampf mit den beiden Aladschy, zwei gefürchteten, bärenstarken albanischen Wegelagerern, verletzt sich Kara Ben Nemsi unglücklich: *Da aber fühlte ich im linken Fußgelenk einen stechenden Schmerz. Der Fuß versagte mir den Dienst – ich mußte ihn bei dem Fall verletzt haben.*[439] Zunächst werden, ungeachtet des Traumas, die Schurken in einem dramatischen Dreikampf besiegt – *Was ich nicht für möglich gehalten hatte, ich war den beiden Aladschy nicht unterlegen*[440] –, dann aber, nach weiterer Belastung, wird der Schmerz stärker, so daß eine genauere Untersuchung nötig, ein Arzt also gesucht wird. *»Giebt es in der Stadt einen guten Arzt, dem man sich anvertrauen kann?«*[441] Der Gesuchte, ein Chirurg, ist einer, der *»alle Schäden an Menschen und Tieren heilt. Er kann sogar das Impfen der Pocken, was sonst keiner versteht.«*[442] *Als ich nun den angeschwollenen Fuß untersuchte, fand ich, daß eine Verrenkung vorhanden war, glücklicherweise aber nur eine unvollkommene. Ich hätte mir das Gelenk auch wohl selbst einrichten können, aber ich wollte doch lieber den Arzt dabei haben. ... Einstweilen steckte ich den Fuß in das kalte Wasser. Endlich kam der Arzt.*[443]

Der Arzt, wieder ein Hekim, trägt den vertrauenserweckenden Namen Tschefatasch, Marterstein, und wird, wie so oft bei May üblich, als Karikatur eingeführt: *... ich hätte ihn viel eher für einen chinesischen Briefträger als für einen europäischen Aeskulap gehalten.*[444] Doch schon in seinem knappen Sprachstil erweist sich der Hekim als routinierter Chirurg: *»Also kurze Fragen, kurze Antworten und schnell fertig!«*[445] Die Examination des Verunfallten – zuerst muß Kara Ben Nemsi seine Zunge zeigen und an ihr liest der Hekim eine gefährliche Verrenkung ab, befürchtet dann gar eine Blutvergiftung – gleicht wieder einer Humoreske. Nun erweist sich Marterstein aber als Meister seines Faches, nach einer letzten Aufmunterung – *»Schreist du leicht?«* *»Nein.«* *»Sehr*

---

[439] Ebd., S. 156
[440] Ebd., S. 157
[441] Ebd., S. 179
[442] Ebd.
[443] Ebd., S. 189
[444] Ebd.
[445] Ebd., S. 190

gut!«[446] – erfolgt die Therapie: *Ein schneller Griff, ein kräftiger Ruck, ein leichtes Knirschen im Gelenk ...*[447] Bei der Frage über das weitere Vorgehen herrscht Konsens darüber, daß das Gelenk geschient werden müsse, die Wahl der Mittel aber führt zum Streit. Denn Kara Ben Nemsi fordert einen Gipsverband, für den Hekim schlicht eine Zumutung: *»Gips? Bist du toll? Mit Gips schmiert man Wände und Mauern an, aber keine Beine!«*[448] Als Alternative hält der Patient noch – falls Gips nicht erhältlich – einen Kleisterverband für möglich. Wie bei Streitigkeiten unter Gelehrten üblich, werfen sich beide Autoritäten um den Kopf, das Dispensatorium von Sabur Ibn Saheli, das medizinische Wörterbuch des Abd al Meschid zeugen von dem Wissen beider; einen Punktsieg verbucht allerdings Kara Ben Nemsi, der feststellt: *»Ueberhaupt darf der Verband jetzt noch gar nicht angelegt werden. Erst muß ich Umschläge machen, bis die Geschwulst sich gesetzt hat und die Schmerzen sich gemildert haben. Verstanden?«*[449] Der Hekim gibt sich geschlagen: *»Allah! Du redest ja wie ein Arzt!*[450] Kara Ben Nemsi: *»Ich verstehe es auch!«*[451]

Wie so oft, sind es nun Karas Gefährten, die die Groteske auf die Spitze treiben; der Hekim wird mit seiner Klistierspritze, dem *Hauptinstrument, dessen sich ein orientalischer Arzt bedient,*[452] durchnäßt, dann mit Gipspulver überschüttet, bis das Gewand des Arztes erstarrt; die *Möglichkeit, den Gips zum Verbande zu verwenden, wurde ihm dadurch ad oculos demonstriert.*[453] Zwar beruft sich der Hekim noch einmal auf eine Autorität, den berühmten Arzt Kari Asfan Zulaphar, dessen Hauptwerk ›Schifa kemik kyryklarin‹, ›Über die Heilung der Knochenbrüche‹, die Schienung von Brüchen vorschreibt, aber Ben Nemsis Hinweis, daß dieses Buch vor zweihundert Jahren verfaßt wurde, demnach des Hekims *»Kenntnisse und Ansichten nur für jene Zeit, nicht aber für die heutige«*[454] Geltung besäßen, beendet den Disput. Es dauert nicht lange, bis der Hekim die Vorteile des Gipsverbandes erkennt und

---

[446] Ebd., S. 191
[447] Ebd.
[448] Ebd., S. 192
[449] Ebd., S. 193
[450] Ebd.
[451] Ebd.
[452] Ebd., S. 195
[453] Ebd., S. 198
[454] Ebd., S. 202

wißbegierig wie experimentierfreudig *alle möglichen Brüche und Luxationen gedacht*[455] einen Versuchspatienten von Kopf bis Fuß eingegipst hat; freilich muß Kara die arme Versuchsperson aus dem Panzer befreien. Die folgenden Elogen des Hekims – *»Effendi, dein Kopf ist die Wiege des Menschenverstandes, und dein Gehirn beherbergt das Wissen aller Völker«*[456] – wehrt aber der Verletzte bescheiden ab, der Gebrauch des Gipsverbandes sei in seinem Vaterland so verbreitet, *»daß alle Aerzte und Laien sie kennen. Willst du dir den Namen des Erfinders aufschreiben, so sollst du ihn erfahren. Der gelehrte Mann, dem so viele Leute ihre Wohlgestalt zu verdanken haben werden, hieß Mathysen und war ein berühmter Wundarzt im Lande Holland. Ich habe deinen Dank nicht verdient ...«*[457] Endlich erhält aber Kara Ben Nemsi einen Gipsverband, doziert aber weiter: *»Merke dir übrigens auch, daß man in den Verband Fenster schneiden kann.«*[458]

Das Auftreten des Hekims ist als Parodie auf sicher auch von den Lesern erlebte Arzterfahrungen geschildert. Demonstration der ärztlichen Autorität – *»Ich bin ein Gelehrter!«*[459] –, kurze, knappe Fragen, dem Patienten unverständliche Untersuchungen, jovial-herablassende Ermunterung – *»Werden's überstehen«*[460] –, befehlsgewohnter Kasernenhofton – *»Zunge heraus«*[461] –, ja auch der Patient als Versuchsobjekt ärztlichen Forscherdranges fehlt bei der Aufzählung nicht. Zweifellos: »Der Leser findet vertraute Elemente aus seinem Alltag«[462] in orientalischem Gewande wieder, der Schein der Authentizität wird erhöht, zumindest mehr, als daß Kara Ben Nemsis und des Lesers »Lachen (...) den Lacher ins rechte Licht rückt«.[463] Auch andere wohlbekannte Repräsentanten staatlicher oder gesellschaftlicher Autorität – Polizisten, Richter, Generäle, Geistliche – werden von May gerne im exotischen Terrain des Orients karikiert – nicht nur, um eigene Traumata zu kompensieren oder humoristisch Rache zu üben. May hat hier eine

---

[455] Ebd., S. 207
[456] Ebd., S. 205
[457] Ebd., S. 206
[458] Ebd., S. 210
[459] Ebd., S. 193
[460] Ebd., S. 191
[461] Ebd.
[462] Schmiedt: Karl May, wie Anm. 69, S. 154
[463] Annette Deeken: »Seine Majestät das Ich«. Zum Abenteuertourismus Karl Mays. Bonn 1983, S. 201

jener »archetypischen Konfigurationen«[464] geschildert, die Erfahrung einer ärztlichen Behandlung, und läßt an dem befreienden Lachen den Leser partizipieren.

So humoristisch die ganze Episode verläuft, so fundiert ist doch ihr medizinischer Gehalt. Die genaue Diagnostik eines Sprunggelenktraumas bot in der Vor-Röntgen-Ära natürlich mehr Schwierigkeiten als heute, da die Klassifikation röntgenologisch bestimmt wird. Kara Ben Nemsi hatte nach eigenen Angaben eine inkomplette Luxation des Sprunggelenkes erlitten, ein Trauma, das immer von einer Malleolarfraktur, einem Knöchelbruch, begleitet ist. Bei der Reposition weist auch das leichte Knirschen im Gelenk, die Crepitatio, als sicheres Frakturzeichen folgerichtig auf eine Knöchelfraktur hin. Die heute gängigste Einteilung der Sprunggelenksfrakturen nach Weber orientiert sich an der Mitbeteiligung der Syndesmose, des Bandes zwischen Schien- und Wadenbein, und kann nur röntgenologisch gestellt werden.[465] Traumatologisch vorstellbar wäre, daß Kara Ben Nemsi eine Weber-A-Fraktur erlitten hätte, bei der der Außenknöchel auf Höhe oder distal des Gelenkspaltes, also unterhalb der Syndesmose, frakturiert gewesen wäre; eine Verletzung, die auch heute noch konservativ behandelt wird. Auch eine Weber-B-Fraktur, bei der die Fraktur auf Höhe der Syndesmose stattfindet, oder gar eine Weber-C-Fraktur mit einer knöchernen Läsion oberhalb der Syndesmose und Verletzung der Syndesmose, wäre, bei einer nur mäßigen Dislokation der Fragmente, mit Mays Schilderung vereinbar. Eine dislozierte Luxationsfraktur im Sinne einer bimalleolären Luxationsfraktur, gar unter zusätzlicher Absprengung des Volkmannschen Dreiecks, hätte allerdings den Helden sofort kampfunfähig gemacht. Da sich der Zustand des lädierten Gelenkes erst durch die persistierende Belastung verschlechterte, muß die Verletzung am ehesten als Subluxation mit einer nur mäßig dislozierten Außenknöchelfraktur, am ehesten Weber-A oder Weber-B, gedeutet werden. Eine bloße Zerrung des Gelenkes oder auch eine Außenbandläsion scheidet wegen der Crepitatio aus.

---

[464] Roxin: Bemerkungen zu Karl Mays Orientroman, wie Anm. 3, S. 88
[465] M. Wagner und K. Dann: Das Sprunggelenk. In: Unfallchirurgie. Hrsg. von A. Rüter, O. Trentz und M. Wagner. München-Wien-Baltimore 1995, S. 851-880

Das weitere Management der Verletzung entspricht auch den heute noch gültigen Regeln: Entlastung, Kühlung, dann rasche Korrektur einer Stellungsanomalität, und nach Abschwellen von Hämatom sowie traumatischem Ödem Immobilisierung des Gelenkes mittels eines fixierenden Verbandes aus Gips. Selbst der Gichtstiefel als Vorläufer einer heute üblichen Orthese klingt modern: speziell hergestellte Schuhe mit hohem Schaft sind noch heute gängige Behandlungsmethoden schwerer Distorsionen des Sprunggelenkes mit Bandläsionen. Auch die Beschreibung der Anlage eines Gipsverbandes, die Wichtigkeit der adäquaten Polsterung sowie die Möglichkeit einer Fensterung des Gipses, ist heute noch gültig. Daß Kara Ben Nemsi den Gipsverband im Balkan – literarisch – eingeführt hat, ist nicht verwunderlich, denn May verarbeitete hier aktuelles Wissen: »Der Gypsverband, mit Rollbinden ausgeführt, ist zuerst von einem holländischen Arzt Mathysen angegeben und in Gebrauch gezogen; die erste Veröffentlichung dieser Methode erfolgte schon 1832, doch ist dieselbe erst seit den fünfziger Jahren bekannter geworden; in Deutschland ist sie hauptsächlich durch die Berliner Schule verbreitet worden.«[466] Auch die scheinbar übertriebene Besorgnis des diagnostizierenden Hekims, eine Blutvergiftung könnte schon vorliegen, hat einen ernsteren Hintergrund, waren doch damals – vor allem offene – Gelenksverletzungen häufig von foudroyant verlaufenden Infektionen begleitet, die rasch zu einer Septikämie führen konnten, und hierfür wiederum war die Inspektion der Zunge, »trocken, oft holzig hart«,[467] ein, wenn auch nicht entscheidendes, diagnostisches Kriterium. Hier konnte in der Regel nur eine rechtzeitige Amputation das Leben des Patienten retten; verständlich also doch, daß der Hekim zunächst sich einen Überblick über eventuell eingetretene Komplikationen der Verletzung verschaffen wollte.

Selbst der beiläufige Hinweis, der Hekim könne Pockenimpfungen durchführen, spiegelt eine damals noch recht aktuelle Errungenschaft der modernen Hygiene wider: 1874 wurde im Deutschen Reich gesetzlich die Pockenschutzimpfung eingeführt. Was May allerdings wohl nicht wußte: gerade in der Türkei war seit langem eine Art Pockenschutzimpfung gebräuchlich; dabei wurde bei heranwachsenden Kindern an mehreren Stellen die Haut geritzt,

---

[466] Theodor Billroth: Die allgemeine chirurgische Pathologie und Therapie in fünfzig Vorlesungen. Berlin [4]1869, S. 203
[467] Ebd., S. 374

mit Pockeneiter bestrichen und so eine milde Form der Pockenerkrankung verursacht, die dann in vielen Fällen zu einer Immunität
führte. Lady Mary Wortley Montagu (1689-1762), Gattin des
britischen Gesandten an der Hohen Pforte, ließ so ihre beiden
Kinder 1717 inokulieren. Es war aber dann Edward Jenners (1749-
1823) Verdienst, der übrigens selbst noch nach der türkischen
Methode geimpft war, eine ungefährliche Form der Pockenimmu-
nisierung zu finden. 1796 hatte er einen achtjährigen Knaben mit
dem Inhalt von Kuhpocken geimpft; als er vierzehn Tage später
den jungen Patienten mit Eiter von Menschenpocken impfte, zeigte dieser keine nennenswerten Krankheitssymptome mehr. Erst
1906 wurde das Variola-Virus von Enrique Paschen (1860-1936)
als Erreger der Pockenerkrankung nachgewiesen.

Auch bei den erwähnten orientalischen Ärzten, die im Disput
zwischen Hekim und Kara Ben Nemsi als Zeugen deren Gelehrsamkeit dienen, handelt es sich nicht nur um Phantasiegestalten:
Sabur Ibn Saheli, auch Sàbur Ben Sahl, gestorben 869, »war ein
berühmter Arzt, Schriftsteller und Director des Krankenhauses zu
Dschondeifapur«;[468] sein Dispensatorium, ›de medicamentis com-
positis‹, galt noch lange als pharmakologisches Standardwerk. Von
Abd al Meschid bzw. Abd al-Majid al-Baydawi (= aus Baydawi
stammend) ist nun kein ›Medizinisches Wörterbuch‹ bekannt, er
schuf jedoch im 7. Jahrhundert ein auf Galens Lehren bestehendes
›Kurzes Handbuch der Anatomie‹.[469] Kari Asfan Zulaphar (sprach-
lich dem persisch-pakistanischen Raum zuzuordnen) scheint jedoch eine Schöpfung Mays zu sein, bibliographisch konnte er
nicht nachgewiesen werden; der Titel seines Werkes allein ist eine
bloße Zusammenreihung von Wörtern ohne jede Syntax – zudem
war zu der angegebenen Zeit, also Mitte des 17. Jahrhunderts, der
Zenit der islamischen Medizin und seiner berühmten Ärzte schon
lange überschritten.

---

[468] Ferdinand Wüstenfeld: Geschichte der arabischen Ärzte und Naturforscher.
Göttingen 1840, S. 25
[469] Seeyd H. Nasr: Islamic Science. An Illustrated Study. Westerham 1976

3.4.5 Die Pesterkrankung

Sind also Verletzungen eines abenteuernden Helden in sich schlüssig und – auch – Gelegenheiten einer Bewährung unter widrigen Umständen, so hat die Erkrankung Kara Ben Nemsis an der Pest einen qualitativ entschieden anderen Charakter. Nicht nur, daß diese Erkrankung ohne eigenes Zutun schicksals- und rätselhaft in den Lebensweg des Helden eingreift, mit der Diagnose Pest hat May auch gleich eine Erkrankung gewählt, die im Menschheitsgedächtnis – neben Krieg – als wichtigste Bedrohung der eigenen Spezies gespeichert ist und deren Auftreten seit jeher auch metaphysische Bedeutung zugeschrieben wurde.

Zudem ist ihr Erscheinen erzähl- und handlungstechnisch vorbereitet, Endpunkt einer Spirale von Unglücksfällen und Bedrohungen, von Gefangennahme und Entkommen, von Fehlern und Versagen, von Verwundungen und Todesfällen treuer Gefährten. Aus den Bergen Kurdistans hat sich die Handlung in die Ebene des Zweistromlandes verlagert, aus der Höhe zurück in die Tiefe: *Schmutz, Staub, Trümmer und Lumpen überall.*[470] Hier bei Bagdad trifft Kara Ben Nemsi mit seinen Gefährten auf eine Todeskarawane, einen Zug fanatischer Schiiten, die ihre Toten durch die Sommerhitze der Wüsten zur Bestattung nach Kerbela, ihrem heiligsten Orte, transportieren. *Die Toten liegen in leichten Särgen, welche in der Hitze zerspringen, oder sie sind in Filzdecken gehüllt, die von den Produkten der Verwesung zerstört oder doch durchdrungen werden; und so ist es denn kein Wunder, daß das hohläugige Gespenst der Pest auf hagerem Klepper jenen Todeszügen auf dem Fuße folgt.*[471] Am darauffolgenden Tage schon bemerkt Kara Ben Nemsi, daß in ihm eine Veränderung vorgegangen war: *Ich fühlte mich körperlich sehr müde und geistig niedergeschlagen, ohne daß ich für dieses Accablement eine Ursache hätte angeben können.*[472] Und sofort erfährt der Leser, daß schon der Name Todeskarawane tatsächlich als böses Omen dient und jenes hohläugige Gespenst auch bald als Todesengel seinen Schatten über Kara Ben Nemsi wirft, denn: *Dieser Zustand hatte, wie ich später erkennen mußte, seinen Grund in einer Inkubation, deren Ausbruch*

---

[470] May: Von Bagdad nach Stambul, wie Anm. 382. S. 302
[471] Ebd., S. 287
[472] Ebd., S. 299f.

133

mir beinahe tödlich geworden wäre.[473] Diese erste Ahnung verstärkt sich bei der Betrachtung der Ruinen der einst glanzvollen Stadt Bagdad, jetzt ein Konglomerat von Friedhöfen, Pestfeldern und Häuserschutt, *wo der Aasgeier mit anderem Gelichter sein Wesen treibt.*[474] *Bei diesen Gedanken war es mir, als ob auch mich das Kontagium ergriffen habe. Trotz der Hitze überlief es mich kalt.*[475]

Mehr und mehr häufen sich düstere Bilder und Vorahnungen, die beklemmend geschilderte Landschaft, die morbide Szenerie wird zur korrespondierenden Kulisse des physischen wie psychischen Verfalls Kara Ben Nemsis. *Ich war sehr müde und fühlte einen dumpfen, bohrenden Schmerz im Kopfe ... Es war, als ob ein Fieber im Anzuge sei ... Ich konnte trotz der Müdigkeit lange keine Ruhe finden, und als ich endlich einschlief, wurde ich von häßlichen Traumbildern beunruhigt ...*[476] *Ich war matt; ... ich merkte, daß meine Willenskraft langsam schwand ...*[477] *Ich befand mich in einem Zustande, welcher einem recht starken Katzenjammer glich ...*[478] Und Halef ist es, der auch die äußere Veränderung seines Sihdis angstvoll bemerkt: *»... dein Angesicht ist grau, und deine Augen haben einen Ring ...«*[479] *»Dein Angesicht ist wie Scharlach. Zeige mir deine Zunge! ... Sie ist ganz blau ...«*[480]

Bei den Trümmern Babylons angelangt, findet der Verfall, die Krankheit Kara Ben Nemsis ihren Klimax: *... plötzlich wurde mir, als ob ich eines der drastischsten Brechmittel genommen; ich mußte diesem unwiderstehlichen Reize nachgeben und anhalten. Als ich die schleimig gallige Beschaffenheit der Ausscheidung bemerkte und dazu den Umstand in Erwägung zog, daß der Vorgang mir nicht den geringsten Schmerz im Epigastrium bereitet hatte, packte mich Todesangst. ... »Ich habe die – Pest!«*[481]

---

[473] Ebd., S. 300
[474] Ebd., S. 302
[475] Ebd., S. 303
[476] Ebd., S. 307
[477] Ebd., S. 310
[478] Ebd., S. 318
[479] Ebd., S. 311
[480] Ebd., S. 320
[481] Ebd., S. 324f.

All die gewohnte geistige und körperliche Überlegenheit des Helden, seine Aura von Grandiosität und Unverletzlichkeit sind verschwunden, hilflos und apathisch muß er es geschehen lassen, daß sein Weggefährte Hassan Ardschir-Mirza samt Familie verräterisch hingemeuchelt werden. Beim Anblick der Leichen wird er wie in einem Strudel von Verzweiflung abwärts gerissen: *Mir brannte der Kopf; die blutgetränkte Ebene flog im Kreise um mich herum; ich selbst schien um meine eigene Achse zu wirbeln ... Es war mir, als ob ich allmählich tiefer und immer tiefer sinke, in einen nebligen und dann immer schwärzer werdenden Schlund hinab. Da gab es keinen Halt, kein Ende, keinen Boden, die Tiefe war unendlich ...*[482] Und nun – erst – folgen die klassischen Symptome der Pesterkrankung: *Ich verbrachte eine schlimme Nacht. Bei fast normaler Hautwärme hatte ich einen schnellen, zusammengezogenen und ungleichen Puls; das Atmen ging kurz und hastig; die Zunge wurde heiß und trocken, und meine Phantasie wurde von ängstlichen Bildern und Vorstellungen eingenommen ... Oft auch weckte mich aus diesen Phantastereien ein Schmerz, den ich in den Achselhöhlen, am Halse und im Nacken fühlte. Infolge dieses Zustandes, den ich nur deshalb so ausführlich beschreibe, weil ein Pestfall bei uns eine so große Seltenheit ist, war ich bei Anbruch des Tages eher wach als Halef und bemerkte nun, daß sich bei mir Beulen unter den Achseln und am Halse, ein Karfunkel im Nacken und rote Petechien-Gruppen auf der Brust und an den innern Armflächen entwickelten. Jetzt hielt ich mein Schicksal für besiegelt ...*[483] Denn, und das wußte auch der Leser, ein Heilmittel gegen die Pest war nicht bekannt, *Chinin, Chloroform, Salmiakgeist, Arsen, Arnica, Opium und anderes, was ich mir in Bagdad angeschafft hatte, konnte nichts helfen ... Ich hielt frische Luft, gute Reinigung der Haut durch fleißiges Baden und einen Schnitt in den Karfunkel für das beste ...*[484]

Halef hatte seinen Herrn nicht verlassen; nachdem beide, ungeachtet der schweren Erkrankung Karas, die ermordeten Weggefährten begraben und nebenbei durch dessen offensichtliche Erkrankung räuberische Araber vertrieben hatten, beginnt die verzweifelte Therapie: *... dann nahm ich ein Bad und streckte mich nachher auf das Blätterpolster nieder, welches mir als Krankenbett dienen*

---

[482] Ebd., S. 329
[483] Ebd., S. 333
[484] Ebd., S. 334

sollte. Meine Zunge war dunkelrot und in der Mitte schwarz und rissig geworden; das Fieber schüttelte mich bald heiß und bald kalt ... Dabei entwickelten sich die Petechien und die Geschwülste immer mehr, so daß ich gegen Abend in einem fieberfreien Augenblick Halef bat, einen kräftigen Einschnitt in den Karfunkel zu machen.[485] Der Eingriff verschafft eine erste Erleichterung, und dann kam der *vierte Tag der Krankheit, und ich hatte gehört, daß dieser Tag der entscheidende sei. Ich blieb dabei, Rettung vom Wasser und von der freien Luft zu erwarten, und obgleich mein Körper unter den Anstrengungen der letzten Zeit sehr gelitten hatte, glaubte ich, daß ich dem Reste meiner Kräfte mehr Vertrauen schenken dürfte, als irgend einer Arznei, über deren Anwendung und Wirkung ich nicht einmal im klaren war. – Gegen Abend ließ das Fieber nach, und auch in dem Absceß verminderte sich die Heftigkeit des Schmerzes.*[486]

Kaum hat Kara Ben Nemsi die Krisis seiner Erkrankung glücklich überstanden, da bemerkt er die verhängnisvollen Symptome – Kopfweh, Schwindel und Frost – bei seinem Freund Halef, dazu *hatte ihn die der Pest charakteristische Niedergeschlagenheit bereits ergriffen.*[487] Die Krankheit entwickelt sich rasch, ... *einige Stunden später sprach er irre. Vielleicht hatte er schon mit mir den Stoff der Krankheit eingesogen, als wir in Bagdad das Nahen der Todeskarawane beobachteten, und nun entwickelte sich bei ihm die schwerste, die biliöse Form der Pest, in welcher alle Zufälle mit vermehrter Heftigkeit auftreten. ... Es war eine Zeit, an welche ich mit Schauder zurückdenke, obgleich ich sie hier am besten übergehe.*[488]

Natürlich wird auch Halef gerettet, die Rekonvaleszenz beider aber nimmt längere Zeit in Anspruch; wie als Symbol der noch latenten Bedrohung werden die Rekonvaleszenten ein weiteres Mal von einer Bande räuberischer Beduinen überfallen, und wieder rettet sie ihr bloßer Anblick: *»Es ist die Pest! Allah schütze uns!«*[489] Als letztes Opfer dieser düsteren Episode aber wird Kara Ben Nemsis treuer Hund Dojan von den Arabern getötet, dann

---

[485] Ebd.. S. 338f.
[486] Ebd.. S. 339f.
[487] Ebd., S. 340
[488] Ebd., S. 341
[489] Ebd., S. 345

drängt es den Helden, *so bald wie möglich die Gegend zu verlas-*
sen, wo im Angesichte dieses Trümmerreiches auch so vieles von
uns zu den Toten gebettet worden war.[490] Erst in Damaskus wird
der Erzählfaden wieder aufgenommen.

Das Kontagium der Pesterkrankung war bei der Niederschrift der
Erzählung weder May noch der Wissenschaft bekannt. Erst 1894
wurde in Hongkong zeitgleich von Alexandre Yersin (1856-1943)
und Shibasaburo Kitasato (1851-1931) ein gramnegatives, unbe-
wegliches Stäbchen, Pasteurella bzw. Yersinia pestis, als Erreger
der Pest entdeckt; Nagetiere als Erregerreservoir und Flöhe als
Überträger der Infektion wurden wenige Jahre später bereits von
verschiedenen Autoren nachgewiesen. Und doch hatte die Pest
ihren Schrecken noch nicht verloren: eine Pandemie, in der Mitte
des letzten Jahrhunderts in Innerasien entstanden und 1894 eben in
Hongkong angekommen, überzog, da sich die Verkehrswege ver-
bessert hatten, noch einmal die ganze Welt; allein in Indien fielen
ihr ca. 12 Millionen Menschen zum Opfer.[491] Der Verlauf der
Erkrankung und ihr klinisches Bild waren aber schon vor dem
Erregernachweis bekannt, und so ist Mays Schilderung eine korrekte Wiedergabe des damaligen Wissens, die als Deskription auch
heute noch Bestand hat. May bezog viele seiner historischen und
wissenschaftlichen Details aus Konversationslexika, besonders
häufig benützte er das Pierersche Universal-Lexikon,[492] und damit
gab er eine auch heute noch gültige Schilderung des klinischen
Bildes des Verlaufs einer Bubonenpest. Prodromalerscheinungen
wie Appetitlosigkeit, langsamer Fieberanstieg und Mattigkeit
werden beim akuten Krankheitsbeginn von »Schüttelfrost, ra-
schem Fieberanstieg, intensiven Kopfschmerzen, Schwindelgefühl
und Benommenheit«[493] abgelöst. Die Wirkung des Pesttoxins auf
Herz und Kreislauf führt bald »zu einer Beschleunigung des Pulses, der klein und fadenförmig wird, zu Schwindel, taumelnden

---

[490] Ebd., S. 347
[491] Meta Alexander und Hansjürgen Raettig: Infektionskrankheiten. Epidemiologie – Klinik – Immunprophylaxe. Stuttgart-New York [2]1981, S. 228
[492] Pierer's Universal-Lexikon der Vergangenheit und Gegenwart oder neuestes
encyklopädisches Wörterbuch der Wissenschaften, Künste und Gewerbe.
Vierte, umgearbeitete und stark vermehrte Auflage. Altenburg 1857-1865
[493] W. Knapp: Die Pest. In: Die Infektionskrankheiten des Menschen und ihre
Erreger. Band II. Hrsg. von A. Grumbach und W. Kikuth. Stuttgart [2]1969,
S. 996

Gang, getrübtem Sensorium (...)«[494] Auch »zuweilen gelbliches, grünes od. schwarzes, selbst mit Blut gemischtes Erbrechen«[495] war als Symptom bekannt. »Eigentümlich sind ihr insbesondere die sogenannten Pestbeulen (Bubonen), entzündliche Anschwellungen, am meisten der Leisten-, dann auch der Achsel-, Ohren-(Parotiden, s.d.) u. Halsdrüsen, welche meist in Eiterung od. brandige Geschwüre übergehen; ferner Brandbeulen (s. Anthrax u. Karfunkel), so wie auch Petechien u. Ecchymosen (s.d.a.).«[496] Der Nackenkarfunkel – Karbunkel – Kara Ben Nemsis entspricht der lokalen Eintrittspforte der Infektion, daher auch der von May korrekt beschriebene Befall der regionären Hals- und Achsellymphknoten. Eine kausale Therapie existierte ja nicht; so war das Vertrauen auf die natürlichen Heilkräfte des Wassers und der Luft nicht nur logische Konsequenz, sondern auch geschickter Rückgriff auf die gerade vor allem durch den Bauern Vinzenz Prießnitz (1799-1851) populär gewordene Hydrotherapie. Prießnitz, der auf dem Gräfenberg im Sudetenland ein Mekka der Wasserheilkunde gegründet hatte, »kommt das ungeschmälerte Verdienst zu, die moderne Hydrotherapie (...) als Laie begründet und die Wirkung des einfachen Heilmittels Wasser der ärztlichen Welt näher gebracht zu haben, als das bisher der Fall war«.[497] Wissenschaftliche Begründung verschaffte der Hydrotherapie Wilhelm Winternitz (1834-1917), der auf dem Gräfenberg erste Erfahrungen mit der Prießnitzschen Therapie gesammelt hatte, bis er 1865 in der allgemeinen Wiener Poliklinik eine hydrotherapeutische Einrichtung und später eine eigene Kaltwasserheilanstalt in Kaltenleutgeben im Wiener Wald errichtete.

Der Roman ›Die Todes-Karavane‹, »der zweifellos düsterste und beklemmendste Teil der Orienterzählungen, möglicherweise der Erzählungen insgesamt«,[498] »hat weite psychologische und biographische Perspektiven und würde eine umfassende Analyse verdie-

---

[494] Ebd.

[495] Pierer's Universal-Lexikon, wie Anm. 492, Bd. XII, S. 889

[496] Ebd.

[497] Klemens Dieckhöfer: Grundzüge der Geschichte der Naturheilkunde und Naturheilverfahren. In: Lehrbuch der Naturheilverfahren. Band. I. Hrsg. von Klaus-Christof Schimmel. Stuttgart ²1990, S. 72

[498] Wiegmann: Werkartikel ›Orientzyklus‹, wie Anm. 6, S. 194; der Text des Romans ›Von Bagdad nach Stambul‹ war zuerst unter dem Titel ›Die Todes-Karavane‹ erschienen in: Deutscher Hausschatz. VIII. Jg. (1881/82) und IX. Jg. (1882/83).

nen (...)«[499] – wie wahr! Indessen existiert bisher nur eine Arbeit, die der summarischen These dieser Feststellung – »Erinnerungen an dunkle Kapitel des eigenen Lebens«[500] – genauer nachgeht: Nach Walther Ilmers Überzeugung gibt die Erzählung, ›Seelenprotokoll einer schlimmen Reise‹, »die während der Niederschrift der Erzählung ›Die Todes-Karavane‹ maßgebenden Seelenstimmungen wieder, die der Autor Karl May – dank seiner einzigartigen, von Intuition getragenen Gestaltungskraft – aus unbewußten Tiefenschichten zu verselbständigen und in Erzählhandlung umzusetzen wußte.«[501] Entziffert stellt für den mit Mays Biographie akribisch vertrauten Ilmer demnach der Verlauf der Pesterkrankung eine anschauliche »Beschreibung des Zustandes, in dem der Ende Juli 1869 aus der Haft entwichene Karl May sich bis zur Einlieferung ins Zuchthaus Waldheim im Mai 1870 befindet«,[502] und die langsame Genesung »die schaurige Zeit der Isolierhaft in Waldheim, da die ›ermordete‹ Seele Karl Mays langsam tastend zurückkehrt und Einzug hält bei sich selbst und da ganz, ganz verhalten die ersehnte Stabilisierung ihr Fundament zu errichten beginnt«.[503] Ilmers Zusammenfassung der Pestepisode gerät denn nicht nur reichlich pathetisch, sie ist geleitet von Mays späterer Absicht, seiner Exzeptionalität metaphysischen Charakter zu verleihen: Die Geschichte Kara Ben Nemsis also, der »an sich selber erkrankt und verstört die Ermordung der Seele miterleben muß. Den die Pest befällt. Und den nur das Wunder rettet. Das Wunder, das ebenfalls Karl May heißt. Das von Gott gesandte Wunder Karl May (...)«, ist eine Parabel, »in der der Erzähler das Zutrauen zu sich selber verliert, an sich selber erkrankt und fast stirbt und nur durch ein Gnadenwunder dem Verderben entgeht«.[504]

Und wenn Ilmer weiter feststellt, daß der pestkranke Kara Ben Nemsi durch Halef, also sprich durch das Urtümliche in ihm, durch das Kernig-Gesunde, gerettet wird, also: »Karl May ist damals in der Zeit seines tiefsten Sturzes durch Karl May gerettet worden«,[505] vergißt, ja unterschlägt er, daß gerade der kernig-

[499] Roxin: Bemerkungen zu Karl Mays Orientroman, wie Anm. 3, S. 91
[500] Wiegmann: Werkartikel ›Orientzyklus‹, wie Anm. 6, S. 195
[501] Walther Ilmer: Von Kurdistan nach Kerbela. Seelenprotokoll einer schlimmen Reise. In: Jb-KMG 1985. Husum 1985, S. 315
[502] Ebd., S. 306
[503] Ebd., S. 308
[504] Ebd., S. 264
[505] Ebd., S. 307

gesunde Halef, Mays Anima, an einer noch schlimmeren Form der Pest als Kara Ben Nemsi, Mays Wunschprojektion, erkrankt. Denn gerade in der Pesterkrankung Halefs, wiewohl nur mit wenigen Zeilen beschrieben, hat May den Schlüssel zum Verständnis, zur Deutung der ganzen Episode gegeben. Zunächst wird Halef von einer für die Pest ›charakteristischen Niedergeschlagenheit‹ ergriffen – eine symptomatologische Schöpfung Mays und keineswegs ein spezifisches Symptom der Pest, wenngleich depressive Momente alle schweren Infektionserkrankungen begleiten können. Und dann entwickelt sich bei ihm die *schwerste, die biliöse Form der Pest*, eine Bezeichnung, die, wie Höss meint, »in der heutigen Medizin nicht mehr gebräuchlich«[506] ist. Gebräuchlich war dieser Terminus, übersetzt als die ›gallige Form der Pest‹, freilich nie. Selbst in den frühen Pesttheorien »bedeutete ein Überschuß des feucht-warmen Blutes die Gefahr der Fäulnis innerer Organe, die nach Überzeugung antiker und mittelalterlicher Ärzte den eigentlichen Pestvorgang darstellte«.[507] Heute wird zwischen der Beulen- oder Bubonenpest, an der Kara Ben Nemsi erkrankt war, als klassischer Verlaufsform und der Lungenpest, die »entweder hämatogen im Rahmen einer Pestseptikämie oder aerogen infolge Tröpfcheninfektion von Mensch zu Mensch«[508] entsteht und als schlimmste, weil unbehandelt fast immer letal endende Verlaufsform gilt, unterschieden. Jedoch war diese Einteilung auch ohne Kenntnis von dem Pathomechanismus der Erkrankung schon 1365 von Guy de Chauliac, Leibarzt dreier Päpste und des Königs von Frankreich, erstellt worden.[509]

Mays ›gallige Pest‹ ist ein Rückgriff auf das antike, von Hippokrates begründete humoralpathologische Schema der Säftelehre des Körpers, bei der das Blut, die gelbe Galle, die schwarze Galle und der Schleim je nach Mischung in Eukrasie oder Dyskrasie über Gesundheit oder Krankheit des Organismus entscheiden. Vor allem der Hippokrates-Schüler Theophrastos (370-286 v. Chr.) unterscheidet in seinem Werk über die Melancholie, das nur in Bruchstücken erhalten ist und auch »außerhalb der antiken medi-

---

[506] Höss: Kara Ben Nemsi als Hekim, wie Anm. 288, S. 89
[507] Klaus Bergdolt: Der schwarze Tod in Europa. Die Große Pest und das Ende des Mittelalters. München 1994, S. 21
[508] Alexander und Raettig: Infektionskrankheiten, wie Anm. 491, S. 229
[509] Bergdolt: Der schwarze Tod in Europa, wie Anm. 507, S. 19

zinischen Literatur Epoche gemacht«[510] hat, die melancholische Persönlichkeit einerseits und krankhafte psychische Erscheinungen mit melancholischer (schwarzgalliger) Ursache andrerseits. Und daß bei der galligen Pest Halefs nur die schwarzgallige, also melancholische Variante gemeint sein kann, ergibt sich aus ihrem zugeordnetem Charakteristikum der Niedergeschlagenheit. So interpretiert also, hatte May Halefs Pesterkrankung als die ›schwerste, die melancholische (d.i. die depressive) Form der Pest‹ bezeichnet. Und nun wird auch die rätselhafte Kürze der Schilderung dieser depressiven Erkrankung wieder verständlich: »Selbstschilderungen von Melancholiekranken sind relativ selten (...), in literarischen Schilderungen kommen melancholische Schilderungen praktisch nicht vor, ganz im Gegensatz zu der häufigen Darstellung schizophrener Psychosen und anderer psychischer Krankheiten in der Dichtung. Das mag daran liegen, daß melancholisches Erleben außerordentlich schwer in Worte zu fassen ist, da sich weder die Umgangssprache noch die Wissenschaftssprache hierfür eignen und auch die sprachlichen Möglichkeiten des Dichters vor der Aufgabe versagen, diese fundamentale Erlebnisveränderung zu verbalisieren.«[511]

»Die Melancholie wird von den Patienten nicht nur seelisch, sondern auch leiblich erlebt.«[512] Mit der präzisen Kasuistik Kara Ben Nemsis Pesterkrankung hat May in der Tat eine Vielzahl an psychischen wie somatischen Symptomen beschrieben, die Kennzeichen dieser affektiven Störung sind: Energieverlust, Nachlassen der Urteilsfähigkeit, Schuldgefühle, Schlafstörungen, Apathie, Angst, sowie allgemeine Abgeschlagenheit, Schweregefühl, Müdigkeit, Erbrechen, Herzsensationen und Kopfschmerz. Über Halefs Erkrankung, der schwersten Form der Depression, weiß dann May nur noch zu berichten, daß er irre sprach ...

So ist für die Deutung der Pestepisode die sehr ungewöhnliche simultane Erkrankung beider Protagonisten von größter Bedeutung, bilden beide doch erst ein Gesamtbild ihres Schöpfers Karl May: Die Erkrankung ist ganzheitlich, total. Folgerichtig verliert also May in Kara Ben Nemsi zunächst seine geträumte Grandiosi-

---

[510] Müri: Melancholie und schwarze Galle, wie Anm. 218, S. 166
[511] Kuhs und Tölle: Symptomatik der affektiven Psychosen (Melancholien und Manien), wie Anm. 252, S. 82
[512] Ebd., S. 78

tät; dann aber, da Depression nicht nur bloßes Fehlen von manischen Omnipotenzgefühlen bedeutet, wird auch der eigentliche, ›kernig-gesunde‹ Kern Mays von der Krankheit überwältigt, und zwar so intensiv, so bedrohlich, so umfassend, daß, so der Autor, *ich sie hier am besten übergehe.*[513] Diese spätere Distanz zur erlebten Depression begründen Kuhs und Tölle: »Auch nach der melancholischen Phase gelingt es kaum, das Krankheitserleben zu beschreiben; denn mit der Heilung ist die melancholische Erlebnisveränderung so weit weggerückt, daß sie kaum mehr vollzogen und ›festgehalten‹ werden kann.«[514] Ergänzt werden muß diese Feststellung, daß mit zunehmendem Erkenntnisstand der depressiven Erkrankungen in diesem Jahrhundert das melancholische Erleben – als Beispiel Sylvia Plath[515] – mehr und mehr literarische Relevanz gefunden hat; die Selbstschilderung einer schweren depressiven Erkrankung wie bei Kuiper[516] hat dagegen auch heute noch einen fast solitären Charakter.

Um also die Symbolik der Erzählung wieder auf tragfähigere Füße zu stellen: Die Geschichte der Pesterkrankung Kara Ben Nemsis und Hadschi Halefs mit all ihren Prodromalstadien ist eine literarische Umschreibung der Entwicklung einer schweren depressiven Episode, die ganzheitlich die beiden (im Orientzyklus) wichtigsten Ich-Spiegelungen Karl Mays befällt. Der Vergleich zwischen somatischer und psychischer Krankheit ist evident: Die Pest, ein Alptraum der Menschheit – die Depression, ein Alptraum des Individuums. Und auch das Bühnenbild dieses depressiven Zusammenbruchs ist wohl gewählt: Die Legende vom Bau des Turmes von Babel und seiner Zerstörung ist eines der klassischen Symbole für die Bestrafung menschlicher Hybris. Dies freilich hat May in seiner sonst so ausführlichen Beschreibung der Ruinen Babylons klug verschwiegen; der Held wird für seine manische Hybris, seine gottähnliche Omnipotenz, bestraft und an seine Sterblichkeit erinnert.

May selbst kannte die Pesterkrankung nur aus Büchern, und doch gibt es einen – entfernten – biographischen Bezug: Die Gründung

[513] May: Von Bagdad nach Stambul, wie Anm. 382, S. 341
[514] Kuhs und Tölle: Symptomatik der affektiven Psychosen (Melancholien und Manien), wie Anm. 252, S. 82
[515] Sylvia Plath: Die Glasglocke. Frankfurt am Main 1968
[516] Kuiper: Seelenfinsternis, wie Anm. 263

seines Geburtsortes Ernstthal »geht auf eine Pestseuche zurück, die 1679 von der Türkei und von Österreich her nach Sachsen eingeschleppt wurde und schon bald auch die Städte und Dörfer des erzgebirgischen Vorlandes bedrohte«.[517] Ein Kaufherr namens Jacob Simon aus Hohenstein hatte Handelsbeziehungen nach Dresden, wo die Pest heftig wütete, trotz aller amtlicher Verbote nicht aufgeben wollen und so wurde ihm die Rückkehr nach Hohenstein verwehrt, er mußte zur Quarantäne einen unverdächtigen Ort aufsuchen und baute sich so vor den Toren Hohensteins das erste Haus des heutigen Ernstthals.

3.4.6 Die Typhuserkrankung

Ganz sicher, und nun gut verständlich, war die Pesterkrankung auch für May eine der zentralen Episoden seines Orientromans. Zwanzig Jahre nach der Niederschrift, 1902, nahm er noch einmal in dem 3. Band der Romantetralogie ›Im Reiche des silbernen Löwen‹ das Motiv dieses psychischen wie physischen Zusammenbruches auf; das Kapitel der Erkrankung überschrieb er mit ›Am Tode‹. Dieses Mal ist es der Typhus, »... *fast ebenso gefährlich und langwierig wie die Pest*«,[518] und die Parallelen sind unübersehbar: auch von ihm werden beide Protagonisten befallen. Und wieder ist es Halef, der von beiden am schwersten erkrankt. Die Krankheit beginnt schleichend, über viele Seiten werden uncharakteristische Prodromalstadien wie Fieberschübe, Abgeschlagenheit und Unwohlsein als Zeichen der kommenden Krise eingestreut, und auch jetzt war die sonst unfehlbare Urteilskraft der beiden Helden getrübt. Gleichwohl beginnt die Erkrankung ungewöhnlich (und weist so gleich auf ihren depressiven Charakter hin) mit einer Frage Halefs an seinen Gefährten: *»Sihdi, wie denkst du über das Sterben?«*[519] Und diese Frage nach dem Sterben, die beginnende Depression, ist natürlich ätiologisch unerklärlich: *»Aber es ist etwas in mich hineingekrochen, was nicht hinein gehört. Es ist etwas Fremdes, etwas Ueberflüssiges, was ich nicht*

[517] Plaul: Sohn des Webers, wie Anm. 16, S. 13
[518] Karl May: Gesammelte Reiseerzählungen Band XXVIII: Im Reiche des silbernen Löwen III. Freiburg 1902, S. 209; Erstabdruck des zweiten und der ersten Hälfte dieses dritten Kapitels in: Karl May: Am Tode. In: Rhein- und Mosel-Bote. 9. Jg. (1902)
[519] May: Im Reiche des silbernen Löwen III. wie Anm. 518. S. 67

in mir dulden darf. Es steckt in meinen Gliedern, in den Armen, in den Beinen, in jeder Gegend meines Körpers. Ich weiß nicht, wie es heißt und was es will. Und dieses unbekannte, lästige Ding ist es, welches dich über das Sterben gefragt hat.«[520] Der Symbolcharakter der Erkrankung ist nun offensichtlicher, die Krankheit wird nicht mehr medizinisch so präzise geschildert wie es in der Pestepisode geschah. Der Erreger der Typhuserkrankung war immerhin schon 1880 von Karl J. Ebert (1835-1911) beschrieben worden, May aber begnügt sich mit einem oberflächlichen Rückgriff auf die Miasmentheorie. Er ignoriert auch den dem Typhus pathognomonischen allmählichen Fieberanstieg und die dann persistierende Kontinua, bei ihm lösen sich Vitalität und Krankheitsgefühl täglich, später fast stündlich ab.

Die Krankheit ist nun nicht nur Verlust von Gesundheit, sie greift tief in das überhöhte Selbstgefühl ein und zerstört es. In einem inneren Monolog resümiert Kara Ben Nemsi noch einmal seine gewohnte Grandiosität: *Ich befinde mich in dem Besitze einer Konstitution, wie nur selten ein Mensch sie hat. Meine Gesundheit macht für mich den Gedanken, krank zu sein, fast zur Unmöglichkeit. ... Ein Zustand, über welchen andere klagen und sehr besorgt sein würden, ist für mich eine kleine, gar nicht beachtenswerte Unpäßlichkeit...*[521] Um so tiefer dann der Fall, um so schwerer die Erkrankung, die so eine Natur an den Rande des Todes zu bringen vermag.

In einem gewaltigen Sprung retten sich die todkranken Gefährten in die lichten und reinen Höhen des Stammes der Dschamikum, die Erzählung vollführt einen ähnlich gigantischen Sprung in allegorisch-symbolisch verschlüsselte Regionen, die kathartisch Heilung von der fabelhaften Krankheit bringen. Das bisherige Leben nun wird durch die Krankheit zu einem Ende, zu einem metaphorischen Tod geführt, es wird aber durch ein *»schöneres, edleres, unendlich wertvolleres«*[522] abgelöst. Mit dem symboli-

---

[520] Ebd., S. 68

[521] Ebd., S. 199

[522] Karl May: Gesammelte Reiseerzählungen Bd. XXIX: Im Reiche des silbernen Löwen IV. Freiburg 1903, S. 70; s. auch: Ulrich Melk: Vom klassischen Reiseroman zum mythisch-allegorischen Spätwerk. Kontinuität und Wandel narrativer Strukturen in Karl Mays ›Silberlöwen‹-Tetralogie. In: Karl Mays »Im Reiche des silbernen Löwen«. Hrsg. von Dieter Sudhoff und Hartmut Vollmer. Paderborn 1993, S. 164

144

schen Abschied vom Henrystutzen war endlich und überfällig das hinderlich gewordene Authentizitätspostulat gefallen, es ermöglichte nun May, seinen »Helden auf fantastische Weise die alten Erfolge übertreffen zu lassen«.[523] Die manische Hybris hatte das vertraute Terrain des Abenteuers verlassen und metaphysische Dimensionen gewonnen, die es nun May erlaubten, verklärt und überhöht eine neue Ära der Grandiosität zu beginnen. Nein, nicht mehr nur Old Shatterhand oder etwa ein Kara Ben Nemsi waren da adäquate Spiegelungen der eigenen Träume: »*In diesen zwei Namen habe ich denen, die es lösen wollen, ein Rätsel aufgegeben, aus dessen Thür das von seinen psychologischen Fesseln befreite Menschheits-Ich wie ein im Feuerglanze strahlender Jüngling hervorzutreten hat.*«[524] Das Menschheits-Ich hatte so einen neuen Namen erhalten: Karl May. Und Karl May nun knüpfte sein Schicksal an das der Menschheit: »*Wenn ich von dieser Menschheitsbeichte spreche, so darf auch die nicht fehlen, die ich der Menschheit schuldig bin! Sie nehme diese Beichte mit in die ihrige auf! Dann kann ihr nicht vergeben werden, wenn sie nicht mir vergiebt!*«[525]

Eine Kontinuität war aber bei allem Wechsel der Sphären geblieben: der Roman mit seiner Personalunion von Held und Erzähler als denkbar grandiose Realisation von Größenphantasien. Berichtete so die Pestepisode noch von Krankheit und Heilung, von Depression und Gesundung, so hatte die Typhuserkrankung nun als neues Element einer Erkrankung die Verklärung eingebracht, den Zwilling der Depression: die Manie.

[523] Ebd., S. 168
[524] May: Im Reiche des silbernen Löwen IV, wie Anm. 522, S. 67
[525] May: Im Reiche des silbernen Löwen III, wie Anm. 518, S. 626

4. Zusammenfassung der Ergebnisse

Karl May war einer der kreativsten Schriftsteller Deutschlands, sowohl was sein quantitatives Werk als auch seine Wirkungsgeschichte betrifft. In seinen Erzählungen finden sich auch zahlreiche medizinische Details, die zur gewollten Authentizität beitragen. Exemplarisch wird der Gehalt solcher medizinisch ausgestatteter Episoden in einem seiner wichtigsten Romanwerke, dem sechsbändigen Orientzyklus, untersucht. Die tragenden Helden dieser Erzählung sind verschlüsselte Darstellungen der Person des Autors, wobei die von May behauptete personelle Identität mit dem Helden Kara Ben Nemsi einen Wunsch nach Größe ausdrückte, in der Person des Begleiters Hadschi Halef aber reale Charakterzüge beschrieben sind.

Da bei kaum einem anderen Schriftsteller Leben und Werk so intensiv verwoben sind, muß zunächst die Person Mays einer Betrachtung unterzogen werden. Als erstes Ergebnis dieser Arbeit erweist sich die von May überlieferte – und von sämtlichen Biographen übernommene – Schilderung einer frühkindlichen Erblindung aus medizinischer Sicht als unhaltbar; damit müssen auch alle bisher angenommenen Folgen dieser fiktiven Erkrankung für die Persönlichkeitsentwicklung Mays korrigiert werden.

Nach einer Einführung in die Problematik der Mayschen Persönlichkeit wird ein Überblick über die bisherigen pathographischen Diskussionen gegeben und kritisch untersucht. Es zeigt sich, daß die bisher gängige Bezeichnung Mays als Pseudologe keine hinreichende Erklärung des komplexen Charakters geben kann, zudem ist sie in den heutigen Diagnoseschemata nicht mehr gebräuchlich. Die am nachhaltigsten vertretene These einer narzißtischen Störung Mays leidet an der unscharfen Definition des Begriffs, vor allem ist sie ein Ergebnis von ätiologischen Spekulationen und mißverstandenen Definitionen; auch sie kann keine gültige Beschreibung der Mayschen Psychopathie bleiben. Aus ärztlicher Sicht ist bisher keine befriedigende Pathographie erstellt worden.

Daher unternimmt die Arbeit erstmals den Versuch, nach heute validen, operationalen Diagnoseschemata eine retrospektive Psychodiagnostik zu erstellen, die den Vorteil hat, sich auf die Deskription beschränken und ätiologische Faktoren außer acht lassen zu können. Es wird die begründete Hypothese erstellt, daß May an einer Persönlichkeitsstörung litt, die Elemente einer dissozialen wie auch einer narzißtischen Persönlichkeitsstörung enthält. Darüber hinaus zeigt die Arbeit, daß May vor allem an einer affektiven Störung litt, die im mittleren Lebensalter manifeste, klar zu diagnostizierende hypomanisch-manische Episoden verursachte. Depressive Phasen aus dieser Zeit sind naturgemäß weniger stringent dokumentiert, im letzten Lebensdrittel jedoch wieder deutlich manifest, wenn auch partiell reaktiv erklärbar. Mit der Zuordnung sowohl einer Persönlichkeitsstörung als auch einer affektiven Störung wird also in dieser Arbeit die Pathographie Mays neu beschrieben und umfassender als bisher definiert.

Im zweiten Hauptteil der Arbeit wird der Dualismus von ärztlicher Tätigkeit und Krankheitserleben des Romanhelden Kara Ben Nemsi im Orientzyklus untersucht. Ein Überblick über die verschiedenen Vorbilder der Arztrollen zeigt, daß dafür eine persönliche Affinität Mays zum Arztberuf, jedoch auch zeithistorische und für narrative Authentizität notwendige Gründe maßgeblich sind. Eine Aufzählung der Heilerepisoden des Romanhelden zeigt, daß dieser aus dem überlegenen Wissen des Abendlandes schöpft, in seiner Diagnostik Gründlichkeit und in seiner Zuwendung zum Patienten ärztliche Empathie zeigt. Mays medizinische Kenntnisse geben dabei korrekt den damaligen Wissensstand wieder; sie sind vornehmlich aus gängigen Konversationslexika entnommen und sorgfältig recherchiert. Nur dort, wo diese Quellen schweigen, schöpft Mays Phantasie Worte und Bezeichnungen; dies beschränkt sich jedoch nur auf vereinzelte Namen und ist im Kontext geschickt eingebaut. Zudem finden sich eingestreut autobiographische Hinweise und Reflexionen.

Bei der Untersuchung der Krankheitsepisoden, die meist traumatologischer Natur sind, zeigt sich, daß einige einen rein narrativen, auch humoristischen Charakter haben, wenngleich sie häufig als ernste Späße gelten müssen, bei denen May literarisierte Vergangenheitsbewältigung betreibt. Andere Episoden zeigen Grenzen des omnipotenten, autarken Helden auf und beschreiben so auch erfahrene Grenzerlebnisse des Autors. Ausführlich wird die Pesterkrankung des Protagonistenpaares beschrieben und analysiert, die in ihrem Charakter sich von anderen Krankheitsepisoden unterscheidet. In bezug auf die gestellte These einer affektiven Erkrankung des Autors wird ihr Gehalt als Beschreibung eines depressiven Erlebens gedeutet. Ergänzend wird eine aus dem späten Romanwerk stammende Typhuserkrankung der gleichen Romanhelden verglichen, die ebenfalls eine depressive Episode symbolisiert, nun aber in ihrer Genesung manische Elemente, also insgesamt einen bipolaren Charakter besitzt. So zeigt die Arbeit, daß May in der Beschreibung der Krankheitsepisoden im Orientzyklus durch sorgfältige Aneignung medizinischer Details nicht nur einen für die Romanform genügend authentischen Hintergrund geschaffen hat, er hat gleichzeitig auch sich selbst als affektiv erkrankten Menschen geschildert.

LITERATURVERZEICHNIS

Primärquellen

Gesammelte Reiseromane Bd. I: Durch Wüste und Harem (ab 4. Auflage 1895: Durch die Wüste). Freiburg 1892

Gesammelte Reiseromane Bd. II: Durchs wilde Kurdistan. Freiburg 1892

Gesammelte Reiseromane Bd. III: Von Bagdad nach Stambul. Freiburg 1892

Gesammelte Reiseromane Bd. IV: In den Schluchten des Balkan. Freiburg 1892

Gesammelte Reiseromane Bd. V: Durch das Land der Skipetaren. Freiburg 1892

Gesammelte Reiseromane Bd. VI: Der Schut. Freiburg 1892

Gesammelte Reiseromane Bd. XIV: Old Surehand I. Freiburg 1894

Gesammelte Reiseerzählungen Bd. XXVI: Im Reiche des silbernen Löwen I. Freiburg 1898

Gesammelte Reiseerzählungen Bd. XXVIII: Im Reiche des silbernen Löwen III. Freiburg 1902

Gesammelte Reiseerzählungen Bd. XXIX: Im Reiche des silbernen Löwen IV. Freiburg 1903

Die Todes-Karavane. In: Deutscher Hausschatz. VIII. Jg. (1881/82) und IX. Jg. (1882/83)

Durch das Land der Skipetaren. In: Deutscher Hausschatz. XIV. Jg. (1887/88)

Briefe an das bayerische Königshaus. In: Jb-KMG 1983. Husum 1983, S. 76-122

May gegen Mamroth. Antwort an die »Frankfurter Zeitung«. In: Jb-KMG 1974. Hamburg 1973, S. 131-152

Am Tode. In: Rhein- und Mosel-Bote. 9. Jg. (1902)

Frau Pollmer, eine psychologische Studie. Prozeß-Schriften Bd. 1. Hrsg. von Roland Schmid. Bamberg 1982

Briefe an Karl Pustet und Otto Denk. In: Jb-KMG 1985. Husum 1985, S. 15-62

Aphorismen über Karl May. In: Jb-KMG 1983. Husum 1983, S. 56-68

Mein Leben und Streben. Freiburg o.J. (1910). Reprint Hildesheim-New York [2]1982. Hrsg. von Hainer Plaul

An die 4. Strafkammer des Königl. Landgerichtes III in Berlin. Privatdruck 1911

149

Karl Mays Werke. Historisch-kritische Ausgabe. Supplemente Bd. 2: Katalog der Bibliothek. Hrsg. von Hermann Wiedenroth und Hans Wollschläger. Bargfeld 1995

Karl May's Gesammelte Werke Bd. 82: In fernen Zonen. Karl Mays Weltreisen. Bamberg-Radebeul 1999

Sekundärliteratur

Meta Alexander und Hansjürgen Raettig: Infektionskrankheiten. Epidemiologie – Klinik – Immunprophylaxe. Stuttgart-New York [2]1981

American Psychiatric Association: Diagnostic and Statistical Manual of Mental Disorders. Fourth Edition. Washington DC 1994

Jules Angst: Epidemiologie der affektiven Psychosen. In: Psychiatrie der Gegenwart. Band 5: Affektive Psychosen. Hrsg. von K.P. Kisker, H. Lauter, J.-F. Meyer, Chr. Müller und E. Strömgren. Berlin u.a. [3]1987, S. 51-66

Jules Angst: Verlauf der affektiven Psychosen. In: Psychiatrie der Gegenwart. Band 5: Affektive Psychosen. Hrsg. von K.P. Kisker, H. Lauter, J.-F. Meyer, Chr. Müller und E. Strömgren. Berlin u.a. [3]1987, S. 115-133

Jules Angst: Das Komorbiditätsprinzip in der psychiatrischen Diagnostik. In: Von der ICD-9 zur ICD-10. Neue Ansätze der Diagnostik psychischer Störungen in der Psychiatrie, Psychosomatik und Kinder- und Jugendpsychiatrie. Hrsg. von Horst Schilling, Elisabeth Schulte-Markwort und Harald J. Freyberger. Bern u.a. 1994, S. 41-48

Aristoteles: Problemata Physica. Bd. XXX. Übersetzt von Hellmut Flashar. Berlin 1969

Gert Asbach: Die Medizin in Karl Mays Amerika-Bänden. Medizinische Dissertation. Düsseldorf 1972

Siegfried Augustin: Karl May in München. In: KM-Jb 1978. Bamberg-Braunschweig 1978

Frank J. Ayd: Lexicon of Psychiatry, Neurology, and the Neurosciences. Baltimore u.a. 1995

Wolf-Dieter Bach: Fluchtlandschaften. In: Jb-KMG 1971. Hamburg 1971, S. 39-73

Samuel White Baker: Cypern im Jahre 1879. Leipzig 1880

Ekkehard Bartsch: Karl Mays Wiener Rede. Eine Dokumentation. In: Jb-KMG 1970. Hamburg 1970, S. 47-80

Ekkehard Bartsch und Hans Wollschläger: Karl Mays Orientreise 1899/1900. In: Karl May's Gesammelte Werke Bd. 82: In fernen Zonen. Karl Mays Weltreisen. Bamberg-Radebeul 1999, S. 33-231

150

Raymond Battegay: Narzißtische Persönlichkeitsstörungen. In: Handwörterbuch der Psychiatrie. Hrsg. von R. Battegay, J. Glatzel, W. Pöldinger und U. Rauchfleisch. Stuttgart 1984

Pilar Baumeister: Die literarische Gestalt des Blinden im 19. und 20. Jahrhundert: Klischees, Vorurteile und realistische Darstellungen des Blindenschicksals. Frankfurt am Main 1991

Klaus Bergdolt: Der schwarze Tod in Europa. Die Große Pest und das Ende des Mittelalters. München 1994

Theodor Billroth: Die allgemeine chirurgische Pathologie und Therapie in fünfzig Vorlesungen. Berlin [4]1869

Ernst Bloch: Erbschaft dieser Zeit. Frankfurt am Main 1962

Hartmut Böhme: Albrecht Dürer. Melencolia I. Im Labyrinth der Deutung. Frankfurt am Main 1989

Eduard Freiherr von Callot: Der Orient und Europa. Erinnerungen von Land und Meer. 2. Band. Leipzig 1854

Gilbert Charette: Homöopathische Arzneimittel in der Praxis. Stuttgart [6]1991

Franz Cornaro: Karl May in Wien 1898: Kaiserhof und Fasching. In: Karl May und Österreich: Realität – Fiktion – Rezeption; Bildung und Trivialliteratur. Hrsg. von Wilhelm Brauneder. Husum 1996, S. 66-73

Karl Siegmund Franz Credé: Die Verhütung der Augenentzündung der Neugeborenen, der häufigsten und wichtigsten Ursache der Blindheit. Berlin 1884

Annette Deeken: »Seine Majestät das Ich«. Zum Abenteuertourismus Karl Mays. Bonn 1983

Adolf Delbrück: Die pathologische Lüge. Stuttgart 1891

Charles Didier: Ein Aufenthalt bei dem Groß-Sherif von Mekka. Leipzig 1862

Klemens Dieckhöfer: Grundzüge der Geschichte der Naturheilkunde und Naturheilverfahren. In: Lehrbuch der Naturheilverfahren. Band I. Hrsg. von Klaus-Christof Schimmel. Stuttgart [2]1990

Volker Dittmann: Das Konzept der Persönlichkeitsstörungen (F6). In: Von der ICD-9 zur ICD-10. Neue Ansätze der Diagnostik psychischer Störungen in der Psychiatrie, Psychosomatik und Kinder- und Jugendpsychiatrie. Hrsg. von Horst Dilling, Elisabeth Schulte-Markwort und Harald J. Freyberger. Bern u.a. 1994, S. 139-148

Otto Forst-Battaglia: Karl May. Ein Leben, ein Traum. Zürich-Leipzig-Wien 1931

Sigmund Freud: Zur Einführung des Narzißmus. In: Sigmund Freud: Gesammelte Werke. 10. Band, Werke aus den Jahren 1913-1917. Frankfurt am Main [4]1967, S. 137-170

Frederick K. Goodwin und Kay Redfield Jamison: Manic-depressive-illness. New York-Oxford 1990

Wilhelm Griesinger: Die Pathologie und Therapie der psychischen Krankheiten für Aerzte und Studierende. Braunschweig ³1871

George Grosz: Ein kleines Ja und ein großes Nein. Hamburg 1955

Ekke W. Guenther: Karl May und sein Verleger Friedrich Ernst Fehsenfeld. In: Jb-KMG 1978. Hamburg 1978, 154-167

Ludwig Gurlitt: Gerechtigkeit für Karl May! Radebeul 1919

Ian Hacking. Multiple Persönlichkeit. Zur Geschichte der Seele in der Moderne. München-Wien 1996

H. Haensler: Zur Psychodynamik der Pseudologie. In: Nervenarzt 39/1968. S. 106-113

G. Hahn und A. Mayer: Die Mariendistel. In: Der Deutsche Apotheker. Nr. 6-7/1988, Sonderdruck

Brigitte Hamann: Hitlers Wien. Lehrjahre eines Diktators. München-Zürich 1996

Marie Hannes: Allerlei von Karl May. In: Leben im Schatten des Lichts. Marie Hannes und Karl May. Eine Dokumentation. Hrsg. von Hans-Dieter Steinmetz und Dieter Sudhoff. Bamberg-Radebeul 1997, S. 70-123

Marie Hannes, Karl May und Euchar A. Schmid: Briefe 1936-1950. In: Leben im Schatten des Lichts. Marie Hannes und Karl May. Eine Dokumentation. Hrsg. von Hans-Dieter Steinmetz und Dieter Sudhoff. Bamberg-Radebeul 1997, S. 420-434

Ralf Harder: Die Erblindung – eine entscheidende Phase im Leben Karl Mays. In: M-KMG 68/1986, S. 35-38

Hansotto Hatzig: Mamroth gegen May. Der Angriff der »Frankfurter Zeitung«. In: Jb-KMG 1974. Hamburg 1973, S. 109-130

Manfred Hecker: Die Entdeckung eines orientalischen Klondyke. In: Jb-KMG 1970. Hamburg 1970, S. 173-176

Manfred Hecker: Karl Mays Kuraufenthalte 1907 und 1911. In: M-KMG 44/1980, S. 7-15

Christian Heermann: Der Mann, der Old Shatterhand war. Eine Karl-May-Biographie. Berlin 1988

Erich Heinemann: Dr. Karl May in Gartow. In: Jb-KMG 1971. Hamburg 1971, S. 259-268

Erich Heinemann: Eine Gesellschaft für Karl May: 25 Jahre literarische Forschung 1969-1994. Husum 1994

Anton Hellwig: Die kriminalpsychologische Seite des Karl-May-Problems. In: KM-Jb 1920. Radebeul 1919, S. 187-250

Hans Höss: Kara Ben Nemsi als Hekim. In: Vom Lederstrumpf zum Winnetou. Hrsg. von Siegfried Augustin und Axel Mittelstaedt. München 1981, S. 81-94

Paul Hoff: Historischer Abriß zur Klassifikation und Diagnostik. In: Psychiatrische Diagnostik nach ICD-10 – klinische Erfahrungen bei der Anwendung; Ergebnisse der ICD-10-Merkmalstudie. Hrsg. von Volker Dittmann, Horst Dilling und Harald J. Freyberger. Bern u.a. 1992. S. 1-11

Klaus Hoffmann: Karl May als »Räuberhauptmann« oder Die Verfolgung rund um die sächsische Erde. Karl Mays Straftaten und sein Aufenthalt 1868 bis 1970. 1. Teil. In: Jb-KMG 1972/73. Hamburg 1972. S 215-247

Sven Olaf Hoffmann und Gerd Hochapfel: Einführung in die Neurosenlehre und psychosomatische Medizin. Stuttgart [4]1991

Fritz Hollwich: Augenheilkunde. Stuttgart-New York [11]1988

Walther Ilmer: Von Kurdistan nach Kerbela. Seelenprotokoll einer schlimmen Reise. In: Jb-KMG 1985. Husum 1985. S. 263-320

Kay Redfield Jamison: Touched with Fire. Manic-depressive Illness and the Artistic Temperament. New York u.a. 1994

Joachim Kalka: Werkartikel zu ›Im Reiche des silbernen Löwen I-II‹. In: Karl-May-Handbuch. Hrsg. von Gert Ueding in Zusammenarbeit mit Reinhard Tschapke. Stuttgart 1987. S. 282-288

Joachim Kalka: Werkartikel zu ›Im Reiche des silbernen Löwen III-IV‹. In: Karl-May-Handbuch. Hrsg. von Gert Ueding in Zusammenarbeit mit Reinhard Tschapke. Stuttgart 1987. S. 288-301

Franz Kandolf, Adalbert Stütz, Max Baumann: Karl Mays Bücherei. In: KM-Jb 1931. Radebeul o.J., S. 212-291

Otto Kernberg: Borderlinestörungen und pathologischer Narzißmus. Frankfurt am Main 1978

Egon Erwin Kisch: Hetzjagd durch die Zeit. Reportagen. Frankfurt am Main 1974

Kurt Klebel: Wie mir Karl May über die Schrecken des Zahnziehens hinweghalf. In: KM-Jb 1929. Radebeul 1929. S. 497f.

Gerhard Klußmeier und Hainer Plaul: Karl May. Biographie in Dokumenten und Bildern. Hildesheim [2]1992

W. Knapp: Die Pest. In: Die Infektionskrankheiten des Menschen und ihre Erreger. Band II. Hrsg. von A. Grumbach und W. Kikuth. Stuttgart [2]1969, S. 995-1004

Tankred Koch: Lebendig begraben. Geschichte und Geschichten vom Scheintod. Leipzig 1990

Susanne Kohl und Gerhard Kohl: Exemplarisches zur Vermittlung von medizinischen Kenntnissen. In: Karl May und Österreich. Realität – Fiktion – Rezeption; Bildung und Trivialliteratur. Hrsg. von Wilhelm Brauneder. Husum 1996, S. 353-365

Heinz Kohut: Narzißmus. Eine Theorie der psychoanalytischen Behandlung narzißtischer Persönlichkeitsstörungen. Frankfurt am Main 1973

Bernhard Kosciuszko: Im Zentrum der May-Hetze – Die Kölnische Volkszeitung. Materialien zur Karl-May-Forschung Bd. 10. Ubstadt 1985

Ernst Kretschmer: Geniale Menschen. Berlin-Göttingen-Heidelberg [4]1948

Hans Joachim Küchle und Holger Busse: Augenerkrankungen im Kindesalter. Stuttgart-New York 1985

H. Kuhs und Rainer Tölle: Symptomatik der affektiven Psychosen (Melancholien und Manien). In: Psychiatrie der Gegenwart. Band 5: Affektive Psychosen. Hrsg. von K.P. Kisker, H. Lauter, J.-E. Meyer, Chr. Müller und E. Strömgren. Berlin u.a. [3]1987, S. 69-114

Helmut Krumbach: »Dr. med. Karl May«. In: Selecta 15/1974, S. 1458-1464

Helmut Krumbach: Karl May und sein medizinisches Wissen. Materia Medica Nordmark 26/1974, S. 328-336

Hans Krumpaszky und Volker Klauß: Epidemiology of Blindness and Eye Disease. In: Ophthalmologica 210/1996, S. 1-84

Piet C. Kuiper: Seelenfinsternis. Die Depression eines Psychiaters. Frankfurt am Main 1991

Annette Lackmann-Pavenstädt: Psychogene Blindheit. Darstellung eines Falles. Med. Diss. 1976

Kurt Langer: Der psychische Gesundheitszustand Karl Mays. Eine psychiatrisch-tiefenpsychologische Untersuchung. In: Jb-KMG 1978. Hamburg 1978, S. 168-173

Austin Henry Layard: Niniveh und seine Ueberreste. Nebst einem Bericht über einen Besuch bei den chaldäischen Christen in Kurdistan und den Jezidi oder Teufelsanbetern; sowie einer Untersuchung über die Sitten und Künste der alten Assyrer. Leipzig 1854

Rudolf Lebius: Die Zeugen Karl May und Klara May. Ein Beitrag zur Kriminalgeschichte unserer Zeit. Berlin-Charlottenburg 1910

Helmut Lieblang: Im Schatten des Großherrn. Karl May, Charles Didier, von der Berswordt. In: Jb-KMG 1999. Husum 1999, S. 270-296

Gerhard Linkemeyer: Was heute noch möglich ist. Erinnerungen und Legenden aus Karl Mays Familie. M-KMG 66/1985, S. 3-26

Martin Lowsky: Der kranke Effendi – Über das Motiv der Krankheit in Karl Mays Werk. In: Jb-KMG 1980. Hamburg 1980, S. 78-96

Hugo Magnus: Die Blindheit, ihre Entstehung und ihre Verhütung. Breslau 1883

Hugo Magnus: Die Jugend-Blindheit. Klinisch-statistische Studien über die in den ersten 20 Lebensjahren auftretenden Blindheitsformen. Wiesbaden 1886

Klaus Mann: Cowboy Mentor of the Führer. In: The Living Age. 1940, S. 217ff.

Fritz Maschke: Karl May und Emma Pollmer. Die Geschichte einer Ehe. Bamberg 1973

Petrus Andreas Matthiolus: Kreutterbuch. Frankfurt 1600

Ulrich Melk: Vom klassischen Reiseroman zum mythisch-allegorischen Spätwerk. Kontinuität und Wandel narrativer Strukturen in Karl Mays ›Silberlöwen‹-Tetralogie. In: Karl Mays »Im Reiche des silbernen Löwen«. Hrsg. von Dieter Sudhoff und Hartmut Vollmer. Paderborn 1993, S. 152-169

Alice Miller: Depression und Grandiosität als wesensverwandte Formen der narzißtischen Störung. Psyche 33/1979, S. 132-156

Axel Mittelstaedt: Zur Charakterentwicklung Karl Mays. In: Thomas Ostwald: Karl May – Leben und Werk. Braunschweig [4]1977, S. 309-330

Werner Mombour: Das Konzept der neurotischen und psychophysiologischen Störungen F4 und F5. In: Von der ICD-9 zur ICD-10. Neue Ansätze der Diagnostik psychischer Störungen in der Psychiatrie, Psychosomatik und Kinder- und Jugendpsychiatrie. Hrsg. von Horst Dilling, Elisabeth Schulte-Markwort und Harald J. Freyberger. Bern u.a. 1994, S. 127-137

Werner Mombour und Norman Sartorius: Aktueller Stand bei der Entwicklung des Kapitels V der ICD-10. In: Psychiatrische Diagnostik nach ICD-10 – klinische Erfahrungen bei der Anwendung; Ergebnisse der ICD-10-Merkmalstudie. Hrsg. von Volker Dittmann, Horst Dilling und Harald J. Freyberger. Bern u.a. 1992, S. 13-20

Walter Müri: Melancholie und schwarze Galle. In: Antike Medizin. Hrsg. von Hellmut Flashar. Darmstadt 1971, S. 165-191

Seeyd H. Nasr: Islamic Science. An Illustrated Study. Westerham 1976

Ursula Nuber: Der Mythos vom frühen Trauma. Über Macht und Einfluß der Kindheit. Frankfurt am Main 1995

Ludwig Patsch: Dr. med. Karl May – Beiträge zur Karl-May-Forschung III. Wien 1939. Unveröffentlichtes Manuskript aus dem Archiv des Karl-May-Verlags Bamberg

Pierer's Universal-Lexikon der Vergangenheit und Gegenwart oder neuestes encyklopädisches Wörterbuch der Wissenschaften, Künste und

Gewerbe. Vierte, umgearbeitete und stark vermehrte Auflage. Altenburg 1857-1865

Hainer Plaul: Der Sohn des Webers. Über Karl Mays erste Kindheitsjahre 1842-1848. In: Jb-KMG 1979. Hamburg 1979, S. 12-98

Hainer Plaul: Vorwort, Anmerkungen, Nachwort, Sach-, Personen- und geographisches Namensregister zu: Karl May: Mein Leben und Streben. Reprint der 1. Ausgabe. Hildesheim-New York [2]1982, S. 333-570

Sylvia Plath: Die Glasglocke. Frankfurt am Main 1968

Platon: Phaidros. Übers. von Kurt Hildebrandt. Stuttgart 1957

Ch. Rhode-Dachser: Borderlinestörungen. In: Psychiatrie der Gegenwart. Band I: Neurosen, psychosomatische Erkrankungen, Psychotherapie. Hrsg. von K.P. Kisker, H. Lauter, J.-E. Meyer, Chr. Müller und E. Strömgren. Berlin u.a. [3]1986, S. 125-150

Claus Roxin: Vorläufige Bemerkungen über die Straftaten Karl Mays. In: Jb-KMG 1971. Hamburg 1971, S. 74-109

Claus Roxin: Das vierte Jahrbuch. In: Jb-KMG 1974. Hamburg 1973, S. 7-14

Claus Roxin: »Dr. Karl May, genannt Old Shatterhand«. Zum Bild Karl Mays in der Epoche seiner späten Reiserzählungen. In: Jb-KMG 1974. Hamburg 1973, S. 15-73

Claus Roxin: Karl Mays ›Freistatt‹-Artikel. Eine literarische Fehde. In: Jb-KMG 1976. Hamburg 1976, S. 215-229

Claus Roxin: Zu Dr. Axel Mittelstaedts Wollschläger-Kritik. In: Magazin für Abenteuer, Reise- und Unterhaltungsliteratur, Sammelband 1. Hrsg. von Thomas Ostwald, unter Mitarbeit von Armin Stöckhert. Braunschweig 1978, S. 55-61

Claus Roxin: Mays Leben. In: Karl-May-Handbuch. Hrsg. von Gert Ueding in Zusammenarbeit mit Reinhard Tschapke. Stuttgart 1987, S. 62-123

Claus Roxin: Bemerkungen zu Karl Mays Orientroman. In: Karl Mays Orientzyklus. Hrsg. von Dieter Sudhoff und Hartmut Vollmer. Paderborn 1991, S. 83-112

Hans Schadewaldt: Der Weg zum Silymarin. Ein Beitrag zur Geschichte der Lebertherapie. Med. Welt 20/1969, S. 902-914

Wolfgang Schmidbauer: Die Ohnmacht des Helden. Unser alltäglicher Narzißmus. Reinbek 1981

Arno Schmidt: Sitara und der Weg dorthin. Eine Studie über Wesen, Werk & Wirkung Karl May's. Karlsruhe 1963

Arno Schmidt: Vom neuen Großmystiker (Karl May). In: Karl Mays »Im Reiche des silbernen Löwen«. Hrsg. von Dieter Sudhoff und Hartmut Vollmer. Paderborn 1993, S. 50-78

Helmut Schmiedt: Karl May. Studien zu Leben, Werk und Wirkung eines Erfolgsschriftstellers. Königstein 1979

Helmut Schmiedt: Kritik und Rezeption Karl Mays. In: Karl-May-Handbuch. Hrsg. von Gert Ueding in Zusammenarbeit mit Reinhard Tschapke. Stuttgart 1987, S. 613-636

Karl Schneider: Cypern unter den Engländern. Köln 1879

Ralf Schönbach: »Zu einem guten Kartenleser gehört schon Etwas...«. Die Quellen der Balkan-Romane Karl Mays. In: Karl Mays Orientzyklus. Hrsg. von Dieter Sudhoff und Hartmut Vollmer. Paderborn 1991. S. 202-218

Peter Schönfelder und Ingrid Schönfelder: Der Kosmos-Heilpflanzenführer. Europäische Heil- und Giftpflanzen. Stuttgart [5]1991

W. Schreiber, W. und F. K. Mathys: Infectio. Ansteckende Krankheiten in der Geschichte der Medizin. Basel 1986

Johannes Schröder: Karl May. Ein Aufruf. Berlin 1922

Armand von Schweiger-Lerchenfeld: Der Orient. Wien-Pest-Leipzig 1882

Rudi Schweikert: Durchs wilde Theologistan. In: FAZ (4.10.1994). Literaturbeilage. L 20

Der Seminarist und Lehrer Karl May. Eine Dokumentation der Aktenbestände. Reprint der Karl-May-Gesellschaft. Hamburg 1999

Alfred Sommer: Vitamin A deficiency and its consequences: a field guide to detection and control. Genf [3]1995

Theodor Spoerri: Pseudologie. In: Lexikon der Psychiatrie. Hrsg. von Ch. Müller. Berlin-Heidelberg-NewYork [2]1986, S. 530f.

Heinz Stolte: Der Volksschriftsteller Karl May. Beitrag zur literarischen Volkskunde. Radebeul 1936

Heinz Stolte: Das Phänomen Karl May. Bamberg 1969

Heinz Stolte: Literaturbericht. In: Jb-KMG 1974. Hamburg 1973, S. 237-246

Heinz Stolte: Die Reise ins Innere. Dichtung und Wahrheit in den Reiseerzählungen Karl Mays. In: Jb-KMG 1975. Hamburg 1974, S. 11-33

Heinz Stolte: »Frau Pollmer – eine psychologische Studie«. Dokument aus dem Leben eines Gemarterten. In: Jb-KMG 1984. Husum 1984, S. 11-27

Dieter Sudhoff und Hartmut Vollmer: Einleitung. In: Karl Mays Orientzyklus. Hrsg. von Dieter Sudhoff und Hartmut Vollmer. Paderborn 1991. S. 7-30

William E. Thomas: Karl May would have been found NOT GUILTY. In: KMG-N 118/1998. S. 42f.

William E. Thomas: Karl Mays Blindheit. In: M-KMG 119/1999, S. 46-50

Rainer Tölle: Persönlichkeitsstörungen. In: Psychiatrie der Gegenwart. Band I: Neurosen, psychosomatische Erkrankungen, Psychotherapie. Hrsg. von K. P. Kisker, H. Lauter, J.-E. Meyer, Chr. Müller und E. Strömgren. Berlin u.a. ³1986, S. 151-188

John Ronald Reuben Tolkien: Der Herr der Ringe. Stuttgart 1969

Gert Ueding: Die langandauernde Krankheit des Lebens. In: Jb-KMG 1986. Husum 1986, S. 50-68

Deryck E. Viney: An Ilustrated Flora of North Cyprus. Königstein 1994

M. Wagner und K. Dann: Das Sprunggelenk. In: Unfallchirurgie. Hrsg. von A. Rüter, O. Trentz und M. Wagner. München-Wien-Baltimore 1995, S. 851-880

Jürgen Wehnert: Der Karl-May-Verlag. In: Karl-May-Handbuch. Hrsg. von Gert Ueding in Zusammenarbeit mit Reinhard Tschapke. Stuttgart 1987, S. 680-685

Rudolf Fritz Weiß: Lehrbuch der Phytotherapie. Stuttgart ⁷1991

Weltgesundheitsorganisation: Internationale Klassifikation psychischer Störungen: ICD-10, Kapitel V (F). Übers. und hrsg. von Horst Dilling. Bern u.a. ²1993

Weltgesundheitsorganisation: Internationale Klassifikation psychischer Störungen: ICD-10, Kapitel V (F). Forschungskriterien. Hrsg. von Horst Dilling, Werner Mombour, Martin H. Schmidt und Elisabeth Schulte-Markwort. Bern u.a. ²1994

Hermann Wiegmann: Werkartikel ›Orientzyklus‹. In: Karl-May-Handbuch. Hrsg. von Gert Ueding in Zusammenarbeit mit Reinhard Tschapke. Stuttgart 1987, S. 177-205

Herrmann Wohlgschaft: Große Karl May Biographie: Leben und Werk. Paderborn 1994

Gabriele Wolff: Versuch über die Persönlichkeit Karl May. Sonderheft der Karl-May-Gesellschaft Nr. 45/1983

Hans Wollschläger: Karl May in Selbstzeugnissen und Bilddokumenten. Reinbek 1965

Hans Wollschläger: »Die sogenannte Spaltung des menschlichen Innern. ein Bild der Menschheitsspaltung überhaupt«. Materialien zu einer Charakteranalyse Karl Mays. In: Jb-KMG 1972/73. Hamburg 1972, S. 11-92

Hans Wollschläger: Erste Annäherung an den ›Silbernen Löwen‹. Zur Symbolik und Entstehung. In: Jb-KMG 1979. Hamburg 1979, S. 99-136

Hans Wollschläger und Ekkehard Bartsch: Karl Mays Orientreise 1899/1900 – Dokumentation. In: Jb-KMG 1971. Hamburg 1971, S. 165-215

World Health Organization: Prevention of childhood blindness. Genf 1992

Heinz-Lothar Worm: Karl Mays Helden, ihre Substituten und Antagonisten. Tiefenpsychologisches, Biographisches, Psychopathologisches und Autotherapeutisches im Werk Karl Mays am Beispiel der ersten drei Bände des Orientromanzyklus. Paderborn 1992

Ferdinand Wüstenfeld: Geschichte der arabischen Ärzte und Naturforscher. Göttingen 1840

Abkürzungen:
KM-Jb = Karl-May-Jahrbuch
Jb-KMG = Jahrbuch der Karl-May-Gesellschaft
M-KMG = Mitteilungen der Karl-May-Gesellschaft
KMG-N = KMG-Nachrichten

Oliver Gross,

Old Shatterhands Glaube

Christentumsverständnis und Frömmigkeit
Karl Mays in ausgewählten Reiseerzählungen
Materialien zum Werk Karl Mays, Bd. 1

Herausgegeben von der Karl-May-Gesellschaft
2. Auflage, 220 Seiten, broschiert
(ISBN 3-920421-73-6)

Der Autor geht der Frage nach, wie sich Karl Mays
persönlicher Glaube in den zehn populärsten Reiseromanen und -erzählungen widerspiegelt. Mit einer umfangreichen Textanalyse, die religiöse Ex-
kurse und auch eher unscheinbare Textsplitter um-
fasst, gelingt es durch Einzelbeobachtungen erhel-
lende Aspekte aufzuzeigen: z. B: zu Personenkon-
struktionen, Handlungskonstellationen, Christentums-
kritik, Feindesliebe, Sterben und Bekehrung (wobei
sich Unterschiede zwischen der Bekehrung Old
Wabbles und der Winnetous zeigen). Für die behandelten zehn Bände werden hier zum ersten Mal
Mays ethische und religiös-theologische Prämissen
zusammenfassend dargestellt.

HANSA  VERLAG